"衡中手记"

衡中毕业生手记

马静丽 ◎ 主编

人民日报出版社
北京

图书在版编目（CIP）数据

衡中毕业生手记 / 马静丽主编 . -- 北京：
人民日报出版社，2021.5

ISBN 978-7-5115-7028-4

Ⅰ．①衡… Ⅱ．①马… Ⅲ．①高中生－学习方法 Ⅳ.
① G632.46

中国版本图书馆 CIP 数据核字（2021）第 084562 号

书　　名：衡中毕业生手记
　　　　　HENGZHONG BIYESHENG SHOUJI
作　　者：马静丽

出 版 人：刘华新
责任编辑：郭晓飞
封面设计：金　刚

出版发行：人民日报出版社
社　　址：北京金台西路2号
邮政编码：100733
发行热线：（010）65369527　　65369846　　65369509　　65369510
邮购热线：（010）65369530　　65363527
编辑热线：（010）65363486
网　　址：www.peopledailypress.com
经　　销：新华书店
印　　刷：大厂回族自治县彩虹印刷有限公司

开　　本：710mm×1000mm　　1/16
字　　数：200 千字
印　　张：11.5
版　　次：2023年2月第1版
印　　次：2023年2月第1次印刷

书　　号：ISBN 978-7-5115-7028-4
定　　价：45.00元

衡中文实 722 班师生名单及毕业生录取高校

班主任 / 英语老师：马静丽

语文老师：韩幸婵

数学老师：刘静祎　宁　芳

历史老师：孙玉静

政治老师：郑秀荣

地理老师：周　媛

（京）北　京　大　学：郭文昌　刘儒骁　杨　梵

清　华　大　学：长孙依蓬

中 国 传 媒 大 学：孙亚楠

中 国 人 民 大 学：代如意　焦　洁　杨曼霖
张思硕　张芝瑜

北京第二外国语学院：李月娇

中 国 政 法 大 学：郭天赐　单翠雪

北 京 工 商 大 学：张乃涵

中 央 财 经 大 学：范家慧　李嘉怡　卢雅轩
杨麓宁　张玉晓

北京航空航天大学：王佳诚

外　交　学　院：侯易鑫

北 京 化 工 大 学：王慕洁

北 京 师 范 大 学：阴晓冰　金瑛琦

北 京 语 言 大 学：黄　珊

对外经济贸易大学：张雨琪　郭苡凝

（津）南　开　大　学：刘　璇　施靖蕾　张广涛
周骆佳

天　津　大　学：李倩雯

（冀）河 北 师 范 大 学：闻思函
（晋）太 原 理 工 大 学：杨 帆
（吉）吉 林 大 学：韩旭斐
（沪）复 旦 大 学：蔡一童
        华 东 师 范 大 学：高宇珊
        华 东 政 法 大 学：李 想
        上 海 外 国 语 大 学：耿思茵　陈博宇
（苏）南 京 大 学：多高昂　李 玥
        东 南 大 学：孙崇迅　赵 琦
        南 京 师 范 大 学：刘佳琦
（浙）浙 江 大 学：李 萌　王雨桐　孙子尧
（闽）厦 门 大 学：刘清浦　刘思颖
（鲁）山 东 大 学：王岭恬
        青 岛 大 学：胡振康
（豫）郑 州 大 学：李 凯
（鄂）武 汉 大 学：秦仁渤　尹 哲　种梦萱
                    连星杰
        中 南 财 经 政 法 大 学：张云鹏　王胜捷　严 明
                    于子瑶
        华 中 师 范 大 学：曹 颖　林慧滢
（湘）湖 南 师 范 大 学：刘白歌
（粤）中 山 大 学：尹常笑　周再兴
（川）四 川 大 学：马瑞雯
        西 南 财 经 大 学：王 钰
（港）香 港 科 技 大 学：杨 展

代序：衡中之中，他们长大

　　独立、自强、奋斗、坚忍等一切美好的品质都是我们所希望拥有、所不断追求的，每一次追求后的拥有都让我们觉得长大了一点儿。也许每个人都不停地在长大一点儿、长大一点儿，就如读了这本书一样，我也觉得自己又随着他们成长了很多。

　　他们是孩子，他们是学生。想到这儿，我感到温馨。同时，他们是青年，他们是栋梁。想到这儿，我感到骄傲。3年前，衡中之中，他们仍是孩子；3个月前，衡中之中，他们已经长大。看着众多学子在衡中完成了人生最庄严、最神圣的成人礼，我感到热血沸腾，我感到万分荣幸。

　　因为，这么多年，这么多优秀学子与老师们一道将自己青春的汗水挥洒在衡中校园中，这是多么壮观的人生实现和生命征程。所以，我要感谢他们，因为他们用文字为这无比壮观的人生实现和生命征程做了最真实的见证，为此，他们也是衡中历史的书写者。他们用诗一样美丽的文字再现了自己衡中高三一年的点点滴滴，为此我们看到了当初苦苦思索而不得的奋斗价值，为此我们看到了当初孜孜以求而不得的生命升华，而这一切也用最真实、最具体、最形象的方式诠释了衡中教育，即衡中是一个精神特区，是激情燃烧的乐园，它可以给学生终生难忘、终身受益的教育。

　　读到他们的文章，作为一名衡中老教师，我感到无比心安。我深知教育要为学生的终身发展负责，教育要实现学生生命的成长，教育要尊重学生的个性发展。为此，我们在衡中这片沃土上携手共进、夙兴夜寐，与学生一起期待，与学生一起勤奋，与学生一起经历风雨。令人欣慰的是，书中，他们的话让我们觉得之前的期待、勤奋、风雨都是值得的，至少，我们没有好心办坏事；书中，同学们对自我人生的领悟、对学习实践的总结、对校园生活的记忆就是最真切的见证，他们认识到生命是高贵的，是潜力无限的，是不应该受到束缚的，是要实现自身价值的；他们认识到学习不仅是一场考试的预备，还是思维品质、思想观念、做事能力的源泉；他们认识到校园也是一场"江湖"，身在其中，品德、毅力与智力、分数一样重要，一样必不可少。

在书中，焦洁同学说："你真的有很大潜力，你不需要费劲儿去想一些花里胡哨的学习方法，只要认真、静心、踏实、听老师的话，谁都可以学好。我可以考到年级第五一十三名，也可以考到年级第五名，没有什么是不可能发生的；我可以从年级第二百零一名进步到年级第七名，也可以从年级第七名退步到年级第二百四十七名，没有什么是一成不变的。你对自己潜能的信任会激励你一直努力，因为你知道，你曾经因为努力登上过荣耀的殿堂。"读到这段文字，我特别感动，因为我看到了一个洒脱自如、坚忍顽强的生命，也切身地体会到焦洁同学不是被埋在了书中，而是用书来强大自己。同样是对自我生命的自觉与珍视，李萌同学说："高三不只是一个终极的备考过程，也是一个寻找自己的过程。我从来没有哪一天活得像去清北那天一样通透。我不记得学长学姐们告诉我该怎么学数学、怎么学文综，最终留在我心中的所有的感受就是我渴望着像清北这样的平台，渴望着能和这样的人比肩而立，渴望着这样一个光明的未来。那一天的旅程，好像让我找到了自己。"这种渴望和寻找让我看到李萌同学对学习本质的透彻理解，不是为学习而学习，而是为了实现自我的价值，为了一个光明的未来，于是学习从结果变成了过程。

再如，代如意同学对生命的认知更深刻、更清晰，她说："流水线上的工人比谁都累，但创造的价值也许不如看似轻轻松松的脑力劳动者创造的价值大。创新是时代的要求，反套路的试题会越来越多，需要训练的是面对新问题如何解决的能力，而不仅仅是积累经验和套路。"从具体的学习中，她领悟到了创新对生命的引领作用，同时让生命更通透、更明亮、更自由，她做到了与学习和谐相处。

同学们在实践中对学习的领悟真的达到了成年人甚至优秀教师的认知境界，对他们来说，学习不是枯燥、简单地重复，也不是盲目、鲁莽地蛮干，而是一种思维的锤炼，一种思想的角逐，一种方法的更替。比如，多高昂同学说："在寄宿制学校，学习时间长度相差不大，因此效率起到决定性作用，而提高效率的基础是正确认识效率。"简单的一句话告诉我们他对生活、对学习有多么深刻、正确的认知。在具体学习方法上，印象很深刻的是孙亚楠同学对语文学习的看法，她说"素材是最不需要担心的问题，课本、活页、班会甚至是同文语境的运用里，任何地方都有素材出现，素材是否鲜活、恰当以及如何使用素材才是最需要考虑的……没有什么是不可以替换的，就看平常下的功夫了（最好的例子就是文学家、哲学家、科学家，《庄子》《诗经》，苏格拉底、金庸、塞林格）"，从而得出结论："作文的练习必不可少，小语段的练习必须精彩。"除了这些清晰、深刻、正确的观点，我更惊叹于她开阔的学习眼界和学习深度，文学家、哲学家、科学家的话语，《庄子》《诗经》等均是文章写作的源泉，有这等见解，必然有广博的阅读和深厚的学养。

马瑞雯同学介绍数学学习时说："比较明显的转变发生在高二，外在的表现当然就是分数的上升，而更内在的就是对数学的态度慢慢转变，对数学学习方法的更好掌握，对数学知识渐渐运用熟练。"最让我欣喜和感动的是"对数学的态度慢慢转变"，可以想象这是多么美妙、多么珍贵的境界。与之相同，蔡一童同学也说："在学习上，态度是首位。很多时候，我们进步或是退步时，并不是方法有多灵妙或多不管用，而是心态发生了变化。当一个人有了明确的人生规划时，他当前的目标就会更明确，行动会更自觉、更负责任。"读到这些文字，我很感动，感动于学生们没有迷失在学习、考试、竞争中，而是有更清晰、更实用、更长远的思考。

本书给我的深刻感触还有同学们对生活的认知是积极的、发展的、全面的。虽然高三学习紧张、竞争激烈，但同学们对这种校园生活的基本观点是乐观的。他们在生活、学习中学会了团结，学会了沟通，学会了感恩，学会了与人为善。杨梵同学说："最重要的一点是千万不能敷衍应付，如果实在完不成就和老师沟通，当然觉得任务对自己提升作用不大的话也可以和老师交流，一边觉得没有意义一边又匆匆忙忙是最不可取的。"曹颖同学也说："还有要注意的几点：不要犯教条主义错误，认为怎么做就一定会有成果，一切要从实际出发；没有一劳永逸的好方法，有的问题哪怕总结得再全，下一次也不一定做对；要追求完美，只有走在追求完美的路上，才能少出错、不出错。"这难道不值得庆幸吗？他们认识到一切从实际出发的方法，认识到要学会沟通、交流，这难道不是我们要教给学生的如何学会做事吗？

当然，还有学会做人。对此，王佳诚同学说："也许有人会认为人品对高考成绩没什么大用，好好学习就能考高校，但学长想告诉同学们，人品绝不可缺少，至少在我3年的高中生涯中，我能问心无愧地说，我从未有过害人之心。与人为善，与环境为善，是社会主义核心价值观的需要，也是现阶段高考教育立德树人目标的需要。"所以，我要感谢这些可爱的同学，他们已经褪尽了3年前入学时的稚气，却充满了国家栋梁的志气。他们对高三生活的回忆，是过去的往事，还是衡中的精神力量。随着时间，这种力量会由抽象化为具体，由新锐化为恢宏。

教育是师生之间的彼此成就，也是校生之间的彼此成就，这是一种融于血液之中的亲密关系。这些可爱的同学是衡中看着长大的孩子，如今，他们身心健康，全面发展，奔向梦想的前方。

党委书记郗会锁

目录Contents

◎高考前的学法指导：怎样学习最高效

◎ 高考前的心态调整：怎么将状态调整到最好

◎高考前的团队合作：怎么共同提高

◎班主任助力高考：快速提分一二三

◎后记：班主任的透明度

◎大学前的名校解读：什么样的专业最适合自己

展望未来

（北京大学社会学类刘儒骁）

经过3年的寒窗苦读，我拿到了比较满意的高考成绩，顺利升入了理想学府——北京大学。未来的画卷刚刚要展开，我手持无限可能的画笔，带着梦想的色彩，在此描绘未来的蓝图。

首先，学业方面一定要打好基础，多看有关社会学的书籍，发扬衡中追求卓越的精神，争取在院系里取得优异的成绩。在学好所选专业的同时，尽量丰富自己的所学内容，选一些自己比较感兴趣的课程，重要的是开阔自己的视野。在校4年中，要根据自己的学习情况和兴趣所在拿下双学位，不局限于自己所在专业，广泛涉猎。此外，要广泛学习，考取导游证等一些实用类证件，方便后用。如有机会，还要争取出国交流，培养自己的国际视野，见识世界，修炼自己的学术能力，同时提升自己的站位和高度。

其次，生活方面要保持良好的作息习惯。暑假以来，衡中的生物钟还未完全消失，这种习惯要保持到大学，不熬夜，不赖床。此外，按照课程安排加入晨练，绕着未名湖跑步应该是非常惬意的事情，锻炼体能。闲暇时间不宅在宿舍里，多参加户外活动，如踢足球、打篮球、打乒乓球，发展一项拿得出手的体育项目，练就强健的体魄，响应学校的号召——"为祖国健康工作50年"。健康的身体是一生的财富，生活中要爱惜身体，勤于锻炼。

再次，能力方面还要继续锻炼。暑期我做过两场报告，临场能力得到了一定提升，而在之前3年的高中学习生活中担任一些职务也锻炼了我的办事能力，这些都提升了我的综合素质。大学是一个更高、更广阔的平台，也是自身素质飞跃的绝佳时机，要抓住机会，锻炼自己，积极参与班级管理及学生会工作，并争取入党机会。还要发展除学习以外的特长，通过丰富的社团活动来精进自身技能，如书法、写作之类的方向。

我所修专业是社会学，要多做社会实践，积极参加学校组织的活动，不怕艰苦条件，从微观实践中探寻共性的真理。还要加强社会责任感，关注现实社会存在的问题，如扶贫、就医等疑难问题，并对其解决提出建设性意见。作为一门社会科学的社会学，其科学性最根本的是能够在把握社会发展一般规律的前提下，结合不同民族和地域在文化和历史上的连续性和特殊性，用科学的方法揭示出研究对象的特殊规律性，把理论研究与经验研究、定性研究与定量研究、宏观研究与微观研究结合起来，相互补充。

最后，经济方面尽量独立。经过一个暑假，我已将大学要交的费用全部挣到，还存了一些零花钱。父母已培养我12年，有能力我就要为家庭减轻负担，但是还应以学业为重，在保证学习优秀的前提下考虑经济自立。要安排好空余时间，不要因为金钱放弃自由的闲暇时刻，要给自己休息的时间与兴趣发展的空间。

一腔热血勤珍重，洒去犹能化碧涛。未来的路就在脚下，我要用坚实的步伐，走出未来光明的道路，为自己、为家庭、为社会、为国家不懈奋斗！

以先贤之名开新篇——元培逐梦

（北京大学元培学院杨梵）

进入北大学习是我从初中以来一直坚定的目标，但对进入北大后选择什么专业并未考虑太多。上高中后对北大的了解逐步深入，我开始思考自己喜欢且适合的专业——渴望通过学术研究在思想文化领域做出贡献。我在紧张的课业之余一点点发现自己的特点，查询各种资料甚至实地参观、与学长学姐交流，最终确定了我的心之所向——北大元培学院。

元培学院是淡化专业的创新院系，鼓励自由选择、综合发展，可以选择任意学科并去相应专业听课。这种不同于传统专业的做法给了我很大的选择空间，当然也给我带来了选择的纠结——每一个选择都可能关系到未来发展规划。如果高中时北大元培像是一个符号，象征理想与自由，激励我继续拼搏，那现在北大元培就是一张摆在面前的白纸，代表实际而未知。最终，我选择了PPE——元培的特色之一，政治、经济、哲学同时学习，之后可以选择自己喜欢的方向。选择这个项目后，我向一些学长、学姐咨询，找到大学课程开始了预习。这个项目毋庸置疑是很有挑战性的，政、经、哲3个学科间跨度较大，课时安排也比较紧张。我之前对这方面的研究也不太多，比起专攻一个专业又长期积累的牛人们一定会有差距，但是我想即便学习任务重、课外事务多，只要秉持衡中母校追求卓越的校训，北大元培就可以成为一个新的逐梦起点。

大学与高中截然不同，一切都要自主负责。我想在大二选择哲学方向，那么大一就要尽可能多地广泛涉猎，弥补之前的知识面短板，在政、经、哲之间找到平衡，并着重了解哲学方面的知识，和导师、学长学姐交流，为大二之后的重点学习做好准备。

课外生活方面，我准备参加一些社团活动，和志同道合的同学共同进步，丰富生活的同时也可以提高综合素质。辩论对于我这样比较内敛的性格来说是一个很好的锻炼机会，当然，北大图书馆的丰富馆藏和优美环境、自习室的安静氛围也是我向往很久并渴望置身其中去感受的。更多的精彩等到进入校园才能发现,但面对未知我并无恐惧,内心仅有离梦想更进一步的期待和兴奋。

北大元培以老校长蔡元培命名,又乘教育创新、综合发展的新风而建,我虽只是新生,但对思想自由、兼容并包的学风已略有体会,这也是北大学子的精神追求。政、经、哲都是偏向文科的专业,我的选择坚持了我的初心。高中三年过去,我对未来的规划逐步清晰,但最核心的理念从未改变,畅想未来的大学新生与当时在衡中分科时坚定地选择文科的我始终拥有梦想:在思想界延续中华文化的荣光,为书写中国思想的新篇做出贡献,以横渠四句为铭,以元培先贤为名,在北大元培逐未来之梦、发时代之声。

梦想无敌，未来可期

（中国人民大学工商管理类焦洁）

即将就读中国人民大学的工商管理专业，虽然在报志愿之前有些人劝我选其他有关的专业，但我还是义无反顾地选择了工商管理。每所大学都在综合发展，我也愿意在新的起点上探索未知。

从文科来说，人大是除清北外最好的大学了，可能它并不像清北校园那么大，但是它蕴藏着深厚的人文底蕴，正所谓大学者，非谓有大楼之谓也，有大师之谓也，人大也是这样一所大学，无数大师孕育天下桃李。

虽然我并没有考入梦想的北大，但我已经踏入了一个很高的平台——人大，那么就应该把握机会，让自己更完美，更符合社会的要求。

在人大我希望自己可以更积极向上，认识更多朋友，在更高的平台与更好的人交流，我想让自己也变得更好。

在人大我希望自己可以更加努力，比高中还要努力，不辜负自己挥洒热血的高中带来的好结果，因为我们经历了真正拼搏的高中三年，所以更不希望自己12年的努力在大学四年荒废。

人大商学院的工商管理专业，是市场经济中最常见的一种管理专业。工商管理是研究工商企业经济管理基本理论和一般方法的学科，主要包括企业的经营战略制定和内部行为管理两方面。工商管理专业的应用性很强，它的目标是依据管理学、经济学、会计学等基本理论，运用现代管理的方法和手段进行有效的企业管理和经营决策，保证企业的生存和发展。当前，社会上认为工商行政管理就是工商管理，其实这存在一些误区。工商管理与工商行政管理在专业培养目标、核心能力、专业课程等方面都有较大的区别，所以二者不能作为一门专业对待。

我们会在大二细分专业。大一是通识课程，必须扎扎实实地学，才能在选择小专业时更从容，也为大二之后的学习奠定坚实基础。

工商管理专业细分有工商管理法、市场营销、人力资源、工商管理等，我的意向是学习人力资源，管理其实并不是我的强项，但是我愿意去探索未知，去了解不擅长的东西，在青春时多去突破极限。

我希望大学里可以多参加演讲活动，锻炼自己的讲话艺术与演讲能力。高中三年我都在为高考埋头苦干，所以希望我的大学更丰富一些，更能活出自己。

说到底大学还是要像高中一样努力，一样纯粹，一样充满热情。

为自己加油！

追梦路上

（中央财经大学公共管理类范家慧）

时光荏苒，岁月如梭，如今我已走出衡中的大门，成为一名准大学生，但是衡中，我的母校，她给予我的并非仅是一纸录取通知书，自律给我自由的衡中精神就像妈妈穿扣子的针线，早已深入我的内心。正如大仲马在《基督山伯爵》中所说的，幸福就像那些魔岛上的宫殿，由巨龙把守着门口，必须斗争才能得到。对于未来，我对自己的最大期望也是最大要求就是自律。

我相信，走好每一步，就能走好我的人生路。一方面，面对大学相对宽松的学习氛围，我愿坚守一份不忘初心的执念。在憧憬已久的大学殿堂，思想是自由的，但不应是松懈的。或许我不必再把每天的时间划分成每一分钟，但规划是不可少的；或许学业的负担变轻了，但全力以赴仍是我不犹豫的选择。因为，只有全力以赴，才能无悔无憾。另一方面，我也应提高自己的情绪管理能力。负面情绪实属正常，但沉溺于其中就成了愚蠢。进入大学，难免遇到在不同方面都超过我的人，但我不会忙不迭地乱了阵脚。我铭记胡适先生所说的"怕什么真理无穷，进一寸有一寸的欢喜"，与其花时间焦虑或迷茫，不如列下目标清单，开始行动，毕竟人生是一场马拉松，而不是短途赛跑。

作为一名大学生，学习是我的事业。我一直相信时光不会辜负任何一个积极向上的灵魂，我会努力在大一的上半学期就养成大学模式下的学习习惯，并让这4年成为人生珍贵的回忆。作家钱锺书曾发出"横扫清华图书馆"的誓言，我也愿在碎片化盛行的时代里埋首图书馆，愿在课堂上领略大师风采，积极参与思想的碰撞和知识的互动。

专业知识无疑是我的本业，但独立更是我的必修课。早已踏过成人门的我，要通过做兼职等逐渐积累自己在经济上的成就感，直到不再依赖父母的经济帮扶就可以生活得体。然而，更重要的是思想独立。曾听人说，读书的目的不是把书的内容记下来，而是从书的内容延伸出自己的思考。我想，学习、生活都是如此。习惯了以往从众做事的我，不想在校园中无所适从，我必须彻底抛弃所谓"随大流不挨揍"的谣言。不管是人生方向，还是日常生活，独立都是我想要的"最低配置"。

我被公共管理类专业录取，对自己的专业和职业前景并非特别了解，或许将来会进入一家企业从事行政管理方面的工作，管理公司的活动规划；或是进入政府，参与公共事业建设。进入大学后，我会去深入了解，为自己设立阶段目标。大家都谈中国梦，对它也有各种不同的解读，对我而言，追梦本身和梦的实现同样重要。我希望我的追梦之旅是不担心一旦失败会如何，不害怕自己的梦想被嘲笑，无所畏惧地前行，就像茨威格所言，只剩下一种逃亡的方式，那就是逃亡到伟大的行动中去，到不朽的事业中寻求庇护。

我是永远的衡中人，会永远记得追求卓越的校训。从小，父母和老师就教导我们应成为一个什么样的人，但究竟怎样，是自己的选择。要想拥有一种生活，就必须舍弃另外一种生活。自律不是痛苦，而是充实与满足的源泉。我愿意成为勇敢善良、永远对世界充满好奇心的氧气女孩。

把握大学，不负未来

（中央财经大学外国语学院日语专业李嘉怡）

《庄子·逍遥游》中写道："故九万里，则风斯在下矣，而后乃今培风；背负青天，而莫之夭阏者，而后乃今将图南。"天地万物各自有所凭借，庄周笔下的大鹏，有徙于南冥的宏志，因此自然需要"抟扶摇而上九千里，去以六月息者也"的风。我们作为刚刚考入大学的青年，大学于我们来说是平台，是机会，倘若我们想要如大鹏一般完成图南宏志，那么切不可忽视大学这一跳板、这一凭借。

日语专业作为小语种专业，可能很容易让人联想到中日之间时而紧张时而缓和的邻国关系。中日关系，起源于中国的鉴真东渡，而后开启日本与中国的蜜月期。中国作为日本的文化借鉴发源地，后者渐渐地继承和简化了中国唐代及后续朝代的历史与文化精髓，逐渐跟在中国后面，亦步亦趋。中日两国有一定的文化基础，我想日语专业更是促进两国之间文化交流、思想共鸣的良好桥梁。

再者，中日关系紧张时刻无可避免，国与国之间必然存在一定的分歧矛盾，秉着"求同存异"的方针，我认为在国家紧张时刻日语专业更可以显示其作用，充当国家之间沟通的桥梁。第二次世界大战以来，国家与国家之间更趋向于互惠互利、和平相处，面对时不时的小矛盾、小纷争，我希望可以凭借自己所学的语言来促进国家之间的关系，共同维护亚太稳定局势。

当然，作为财经日语专业，学校对日语的要求不仅仅停留于小语种，对数学、英语等方面的要求异常高，课程内容中更加趋向于经济、金融等方面。从党的十一届三中全会将工作重心转移到经济方面，国家的经济较之过去有了突飞猛进的增长。当下致力于全面小康社会的建成、现代化的实现，国家对经济人才的要求更是严格，所以我希望可以很好地把握大学生活，掌握牢固专业知识，在提升日语专业水平的同时，多方面了解经济知识，促进中日之间的合作共赢。

　　对于大学规划的具体方面，我希望自己可以依旧保持衡中"追求卓越"的校训，无论何时都不忘高要求自己，在大学时期提升个人自律能力，对自我学习做到有规划、有安排，学好专业课的同时不忘开拓课外。通过对学校的了解，我已经考虑好可以参报哪些社团、参加哪些活动，扩展自己的课外生活。

　　如同大鹏一样，我希望可以把握好大学平台、掌握好专业知识、提升个人素质，在大学这个舞台上奠基好个人能力，为日后走向更宏阔的远方打好基础。期待徙于南冥的那一天，为伟大的祖国贡献自我的力量！

此心安处，归至吾乡

（中央财经大学金融学类杨麓宁）

2016年夏天，我进入衡中。从小在衡水长大的我，15岁时的人生规划很简单：读完大学，回到衡水找一份轻松的工作，照顾家人，过波澜不惊的生活。简言之，在平淡中追求个人与家庭幸福。

但当我校服背上"追求卓越"的校训熠熠闪光时，当我迎着晨光奔向跑操地点时，我的内心产生了一点点的变化，如同一列缓慢的火车，在自己都无法察觉的细微位移中，渐渐驶向光明的原野。

我的梦想，从高中伊始一所普通的"211"院校到"C9"名校再到最高殿堂北大，我发现，那个我连在梦中都无法想象的地方似乎并不是那么遥远，似乎踮起脚尖就可以触及。迎风奔跑在校园里的我，开始拥有了只有自己懂得的微笑，那是梦想的密码，我决定用自己的努力去破译。

6月，是我期盼已久又有些畏惧的时刻。虽然最后的结果不尽如人意，我并没有如愿到达未名湖畔，但人生岔路口纷繁，我对自己说，也许这一次的经历会让我遇到不一样的风景。最终，我选择了中央财经大学金融专业。

最后的选择，是在多次考虑、多人建议后慎重做出的。于己，金融符合我广泛的兴趣，它将历史、政治与数学融合，在多元发展中统筹前进；高三遇到的两位优秀的数学老师也影响了我，她们增强了我对数学的兴趣，让我面对他人提醒金融的高数难度大时仍坚定做出选择。同时，良好的就业前景也吸引了我。虽然大学的目的是通过学习提升自己而非功利谋财，但在即将踏入社会之时，有必要将目光放在就业上，努力寻找既符合自己兴趣又能够自力更生的工作，早早规划。于社会，金融与国计民生紧密衔接，无论是大学学习还是就业，都可以将家国情怀深深融入其中。我希望能够用自己的金融知识，帮助更多贫困线上的群众发展自己的产业、提高生活水平。我要为缩小收入差距、提高总体收入水平而奔走呼吁，让我们的社会更加和谐。或许这些目前听起来都过于缥缈，但我心中坚定的信念是学成报国。也许我会进入银行工作，努力推出惠民实际的理财产品；又或许我会扎根基层乡镇，根据经济形势做出造福一方的决策。也许我不能改变这个社会，但我衷心希望，未来社会的光明有来自角落的我的微薄力量。

很快我将进入大学，我会在心中牢记"坚持努力""自律自信"的恩师教诲，不忘追求卓越的永恒校训，在前两年完成英语四六级的考试，在大学阶段通过CPA考试，埋头苦干，争取保持优异的学习成绩，为自己赢得更多机会、更高平台。同时，我会加入学生会，为学校和同学服务，也为自己融入社会积累经验。助人兼助己，不失为有效提升自我的渠道。

我一直很喜欢这句话："仁不在别处，就在你光明的初心；义不在别处，就在你该走的大道；文明不在别处，就在每一个居仁由义的现代中国人。"我在，初心在，仁义在，怀仁以待他人，怀义兼济天下。身处校园的我们，自当将未来与国民紧紧相连，我的未来，定会在五星红旗下绽放温暖之光。

同学，你的学习应是为了未来

（北京航空航天大学社会科学试验班王佳诚）

大家好，很荣幸你们能在读这本书时再次看到我的一些感悟。上一主题我们讨论了高中阶段的一些学习方法，现在我们继续讨论更能让你燃起学习热情的发动力——未来期望。

所谓未来期望，简单阐述就是对未来的构思、目标与研究，包括个人定位、理想方向、发展规划等，这些无论是在我们的高中生活中还是在未来的为人处世方面都有着至关重要的作用。那么现在，请允许我以个人为例子，向大家阐述我对未来的遐想。

遐想，第一阶段就是"瞎想"，然而并不是不切实际的想象，是让我们天马行空，肆意在脑海天地中遨游，如同平常做题一样，寻找瞬息即逝的一线光芒。这线光芒实际上就是你对未来的定位——未来究竟想做些什么，从事什么样的行业，并是否愿意为之付出足够的热情与行动。我始终坚信，做任何事情首先都要重视兴趣，兴趣可以使我们事半功倍，正如同快乐学习能使我们全身心浸入、全身心投入一样。我希望同学们在学习上或是为人处世方面重视构想，重视个人的职业定位，未来可期。我在衡中度过3年，其间进行过无数次遐想，在探索个人定位方面始终不渝。在多职业、多专业的变化中，我最终敲定了工商管理专业或公共管理专业，所以我选择了北京航空航天大学。诸如此类，当你奋斗时，要预先想想自己在为未来的什么方向而奋斗。

当确定好未来定位后，我们就要开始制订自己的发展规划，新高考的趋势便是个人定位，在六门文理学科中选择三门，这是一件似难非难的事。毕竟对于三科极其突出的人，他的科目选择就极为明显，然而对于六科均势的同学，这仿佛天堑之险。所以，我希望同学们能预先进行职业构想、学科构想——你想选择怎样的未来，就要选择怎样的学科。就我自己而言，我所在的北航属于大类招生。所谓大类招生，通俗来讲便是大一并不明确专业，而是在学习一年通识科目后，在明确自己职业导向的基础上选择所学专业。譬如复旦大学、北师大等诸多"双一流"学校都在实行这一招生方式。更进一步说，我所学习的公共管理主要服务社会，既需要极高的知识水平，也需要极强的社交能力。因此，在生活中我不断发展自己的全面技能，如学习外语、预习知识、参与社会交往活动等。你们作为应届高中生，也要有自己的发展规划，近期而言可以是解决某一个知识点、学会某一块知识内容，远到设定自己的理想大学、人生方向等。

接下来我就给大家讲一讲我所在的社会科学试验班（又名知行书院）。虽然北航是一所工科院校，但现在为了综合性发展，更加重视文科生的培养，全国排名十二。北航大一进行通识教育，大二进行专业分流，使学生更加明确自己的人生导向，避免因盲目且知识缺乏而引起的迷茫，最大程度上减少因选错专业而导致人生后悔。在北航你不必因未来和专业选择而迷茫，因为大学会给你铺平选择的道路，这也进一步体现了一所高水平大学对个人人生的重要作用。

进一步讲，我更加倾心的公共管理专业是一门极其火热的专业，作为服务社会的专业，它需要我们更加综合全面且细致的能力分类，需要我们多方面综合发展。综合运用经济学、政治学、社会学等学科知识，是公共管理的重要内容。

综上所述，同学们一定要有未来规划。北航欢迎更多有目标的追逐者！

呼啸的梦想，源远流长

（北京师范大学人文科学试验班金瑛琦）

从我的专业就能看出来，我算是个比较纯粹的文科生了。我的专业是北师大人文科学试验班，先学习1年，然后有3个方向可以选择，分别是文、史、哲，这一年的作用就在于明确自己想选择的方向，文的话就是汉语言文学，史就是历史学，哲就是哲学。我很明确自己会选汉语言文学，事实上当时报志愿的时候，我的第一专业是人文科学试验班，第二专业就是汉语言文学。中文可以说是我从小就喜欢的，尤其是古代文学。记得小学一年级有篇作文是"我的理想"，那时候我就大言不惭地写我要当作家。听老师说有专家做过一个实验，让一群小学生写下自己的理想，多年后大部分人的梦想都实现了，当时我对此深信不疑。现在，我一步步向这个曾经觉得遥不可及的理想接近，我即将要学习这方面的专业知识。初中我偶然读了一本叫《哲思》的杂志，当时一见钟情，我就想，将来一定要亲自做这本杂志，这样每个月就有免费的期刊看……开句玩笑，这样我就可以尽自己的努力，参与自己喜欢的并见证逐渐变得更加美好的过程。当我粗略了解了汉语言文学的学习方向后，更加坚信了我的选择。

汉语言文学，通俗来说就是中文，学习对象包括中国语言的词语、句法，赏析古今诗歌、散文、小说等文学作品，并熟悉有关编辑出版的基本知识，就业方向有教师、各类编辑职务、文秘、文案策划人员、记者等。文学的基本素养是我需要的，而编辑出版的基本知识恰好也符合我的设定。对于将来的学习，我的大致设想是掌握基本功。基于个人爱好，我会偏向古代文学的学习，同时编辑出版也是必学的，以此锤炼我的写作水平。当然，最重要的还是思维深度。目前文学创作的发展，连我这么一个学生都能感受到多元化的方向，尤其是网络文学的发展，让科幻、玄幻等种类强势崛起。我平时也看玄幻小说，喜欢的作家是初代神级网络作家。一路看着他的作品长大，我感受到了网络文学的飞速发展，但我也明白，真正有思想深度的作品不是现在的网络文学能驾驭的，现代多元化的创作作品也很难有思维深度。谈及大师，我脑海里的人物多是民国时期的大家，而不是现代作家。做一个有思想的文人，这将是我毕生追求的目标。

除此之外，我最大的梦想，穷极一生要去为之努力的事业，是传承优秀传统文化。最初我只是单纯喜欢古代文学，后来才渐渐生出这个宏大的理想，是因为我看到现代社会的发展不可避免地冲击着古老的传统文化，中华文化的深厚底蕴被轻视，精粹被埋没，新一代青年甚至出现文化贫血的状况，最终影响的是整个民族的文化认同。可喜的是，现在传播传统文化途径新意百出，京剧演员王珮瑜以个人作为传播京剧的窗口，大型节目类似《中国诗词大会》《经典咏流传》更是借助媒体的力量弘扬国粹。基于以上认知，我决定未来不论做什么职业，都要成为传播传统文化的一员，为悠久的文化在新时代再放异彩倾尽绵薄之力，而无数力量汇聚，终成盛世之道。

从幼小孩童时作文里要当作家的稚嫩理想，到少年时为一本钟爱的杂志而认定一个更现实的职业，再到现在毫不犹豫地选择北师大、选择中文专业，心中充满传承文化的豪情，我为自己在这个方向一直不变的梦想而骄傲。未来延伸到的远方，现在还看不清具体的模样，但我相信方向是不变的。呼啸的梦想，在源远之后，必将流长。

过滤岁月，未来已来

（对外经济贸易大学外国语言文学类张雨琪）

初中时唯一的信仰就是考上衡中，考上衡中后，曾经无数次幻想过我会考上哪所大学，学什么专业，会和怎样的一群人熠熠生辉谱写春华。记得高一时我们的英语老师让她一位做同声传译的学生给我们演讲，学长把同声传译讲得那么令人向往，我就想，将来能做同声传译该多好啊，于是把目标锁定了北京外国语大学，然而看着自己平时的成绩只能是望洋兴叹，可心里总有一个声音在回响："如果我能考上这么好的大学，学着自己向往的日语专业，那该多美好啊！"

幻想与理想交错编织出高中时光，6月23日凌晨3点，我的努力，我的期待，也有我对未来的交代，终于在这一刻尘埃落定。

是自己从未想过的分数，是自己从未想过的省排名，是自己从未预料到的未来。

虽然分数还没高到敢报北京外国语大学，但对我来说也已是喜出望外。经过和父母的再三思量，北京对外经贸大学成了我的第一志愿。

当对外经贸大学厚重的录取通知书递到我手中时，全家悬着的心才一下子落地。这种厚重不只是指伴随着录取通知书寄来的东西多，更多的是它承载了整整寒窗12年的回忆。我以压线的分数被录取，庆幸没有被录到冷门的专业。

未来的模样被重新勾勒，它从未像现在一样如此清晰、纯粹。"英语专业"，我开始在网上搜罗与它有关的工作，与它有关的一切，这种感觉不同于刚上高一的迷茫，更多的是一种责任感，我有责任把自己选择的这条路走好、走漂亮、走完美。

突然脑海中浮现出当年听学长讲同声传译时投出无限羡慕目光的那个平凡女生，不知不觉，自己已经有能力离梦想更近了。咨询、调查、了解，进了无数个贸大的微信群，加了好多学长学姐，我想知道自己未来的方向——

作为英语专业的学生，将来主要从事翻译、研究、教学、管理等工作，进入外企或者外交部也是很好的。

可是当我真正谈到自己的未来的时候，觉得目前还没有资格下定论，不是对人生缺少规划，而是还没从这条路上出发，没有欣赏到路途的风景抑或是坎坷与泥泞。我想，在大学经过学习后，才能明确地知道自己的兴趣与方向，才能认真地说出未来的路在何方。

其实说得再多，立下的flag再宏伟，还是要一步一个脚印地从现在做起，就像现在在假期每天练习英语口语，每天学习Excel、PS和WPS，只要拿出在衡中上学的精神，没有什么事情办不到；只要严于律己、追求卓越，在学习和爱好的平衡上就能找到一条属于自己的路。走上不一样的平台，发展的机遇真的不同，或许自己未来的模样，也是同高考成绩般从未预料。

愿你付出甘之如饴，收获满心欢喜；愿你有前程可奔赴，亦有岁月可回首。

路漫漫其修远兮，吾将上下而求索

（华东师范大学汉语言文学类高宇珊）

7月下旬高考录取尘埃落定，我与历史和社会学失之交臂，阴错阳差进入了华东师范大学汉语言文学专业。看到录取通知书的一刹那，心中酸甜苦辣百味交织，有欣喜、有不甘、有疑惑亦有坚定，或许生活本就是如此的百味驳杂、甘辛相融。手指在人生的荧屏上轻触，未来的大方向就此定格，又弹出许多小小的分支选项，以供日后求索于漫漫长路的旅人一一定夺。

未来已来，翘首远眺，前路逐渐明晰。汉语言文学专业主要课程有语言学概论、现代汉语、古代汉语、中国文学、外国文学等，毕业后可在科研机关、高等院校从事研究、教学工作，或在党政机关，包括报刊宣传、新闻出版、影视文化和互联网从事语言文字工作，就业面较广。华东师大中文系上承圣约翰大学、大夏大学、光华大学的文学系，著名学者吴熊和、陈伯海等均从华东师范大学毕业。华东师范大学中文系在全国第四轮学科评估中拿到A级，与复旦大学中文系并列，学习资源丰厚，如此大好机会令人欣喜。诚如斯言，努力一定会有回报，但可能是以你意料之外的方式。中文是一门基础学科，在本科四年中，我将侧重提高自己的文学修养、写作能力以及语言表达能力。

"路漫漫其修远兮，吾将上下而求索。"若学有余力，在学习中文专业之外我还将辅修社会学，毕竟"文章合为时而著，歌诗合为事而作"。行吟于文学的浩荡泽畔，跋涉于文字的绵延山间，于知识之洋中遨游，终应将所学应用于解决现实问题。在社会学的学习中，我将向妇女儿童权益保护研究方向发展，有一分光发一分热，尽我所能回馈社会。

前路漫漫，于岁月间跋涉，有理想之光照耀，即使寒冬亦可守自己的春暖花开。愿有前程可奔赴，亦有岁月可回首，携初心砥砺前行。

未来可期，你好远方

[上海外国语大学工商管理类（卓越人才管理计划）耿思茵]

I hope you never lack the courage to start over from scratch——我希望你从不缺少从头开始的勇气。一直很喜欢这句话，从降下高中帷幕到将入大学门槛，对未来张开怀抱的勇气从未缺席，我梦想着更不平凡、更美好的生活，最重要的是我想做更多的事。

首先，聊聊我的大学。上海外国语大学简称"上外"，是新中国成立后兴办的第一所高等外语学府，是新中国外语教育的发祥地之一……这些未免太官方，作为一名准SISUer，氤氲在"格高志远，学贯中外"的校训中，手握着"诠释世界，成就未来"的书册，徜徉在风格万千、独具匠心的建筑中，一切都值得期待。我选择的工商管理专业主要研究管理学和经济学，涉猎知识面很广，新生入学不细分专业，之后会从工商管理、信息管理与信息系统、公共关系学3个专业分流。上外最突出的是语言优势，所以英语综合能力也是我们专业要重点培养的。

接下来，谈谈我自己的个人发展规划。被上海的学校录取是让我觉得很幸运的事情，喜欢上海不仅是因为吴侬软语的地域文化情怀，也不仅是因为东方明珠的"魔都"繁华、快速发展的现代气息，很大程度上我觉得这是一个视野足够开阔、平台足够宽广的地方。选择工管专业源自高三的经历转折，至今仍然很感谢班主任在高三那年给予我去北大光华管理学院体验学习的机会，虽然最后未能披上光华之光，但那时领略的风景在我心里已掠起阵阵涟漪——所谓的"经济""管理""经营"等宏观的概念其实并不是大而空的，也不是遥不可及的，更不是狭隘的男权精英的世界。对于女孩子来讲，它可以赋予你一种思想力、领导力，一种不一样的看世界、看生活的眼光。在目前未细分专业的情况下，我有足够的时间探索真正的兴趣所在以及能力适合之处，保持新鲜的好奇感去用心感受这个专业的魅力。除此之外，上外有专门的辅修政策。在这样一所语言类高校如果不修一门小语种岂不是太可惜？

所以我目前打算辅修法语，希望将来能为自己的学历锦上添花吧。至于毕业后，熟悉工管、了解法语后我可能会去外企或者自主创业。当然，这还是规划阶段，不排除其他可能性，也不能妄下定论，我也很期待未来的我是什么样子。

设计大师山本耀司曾经说过从来不相信什么懒洋洋的自由，他向往的自由是通过勤奋和努力实现的更广阔的人生，那样的自由才是珍贵的、有价值的。他相信一万小时定律，从来不相信天上掉馅饼的灵感和坐等的成就。他要做一个自由又自律的人，靠势必实现的决心认真地活着。进入大学，自由的同时也需要自律，其实在每一份闪闪发光的憧憬背后都埋藏着沉甸甸的努力。努力了的才叫梦想，不努力的就是空想。"太多宝贵的，都需要跋涉，才可以获得；太多璀璨的，越隔着夜色，越光芒四射。"执笔写下如此多畅想，既是对理想的朝圣相望，也是对自己的鞭策激励。每每抬头仰望浩瀚的星河，满心热忱的同时也提醒自己不忘窥镜自视、外修内省。相信星光不负赶路人，岁月不负有心人，未来不辜负、不将就。祝愿自己保持热爱，赴下一场山海，祝愿可爱的学弟学妹们得偿所愿，祝愿班主任事事顺心，祝愿衡中再创辉煌。

心之所向，一苇以航

（上海外国语大学东方语系朝鲜语专业陈博宇）

人生像一场旅行，定好终点再出发远比漫无目的左冲右撞走得长远。

看多了电视剧中的各种意外，从很小的时候我就对生命的有限性有了一定的理解，于是幼小的心灵生发出一种紧迫感，早早地开始了对以后的规划。朦朦胧胧的，我想过旅行家、舞蹈家、主持人等各种各样的职业，但无一例外都以"最好的"开头。

随着年龄的增长，我对自身的定位逐渐准确，不再是看到某个职业好就盲目追求，而是学着考虑可行性，再结合现实条件确定它是否适合我。机缘巧合之下，高一时李维老师把她的学生请来和我们畅谈，学长分享他作为口译者的经历深深吸引了我。之前，我潜意识里把口译放在了一个很高的位置，高到我不敢去想，但从那时起我认识到，"同为衡中学子，只要我想，我也可以"。这个发现好像为我打开了一扇新的大门，在众多学科中我的语言类学科成绩相对好，更重要的是我对语言有着非同一般的热情，尤其是英语，被其他作业压得喘不过气来时做几篇英语阅读题心情就会好很多，这就相当于把优势和爱好结合到了一起，令我兴奋不已。

对未来的构想是一剂强心针，在过去的日子里，我不断在脑中勾勒着未来的图景，让它越发清晰，以至于每每想起就会热血沸腾，难以抑制心中的激动。就这样，录取结果出来后，我如愿收到了上海外国语大学的录取通知书。

美中不足的是，我的专业是朝鲜语，与最初的理想存在一定差距。最开始，我想通过转专业的方式达成心愿，但上外对专业转入转出的限制很严格。通过翻阅学校给新生的小册子，我找到了另外一条道路——参加卓越学院的选拔。卓越学院是上海外国语大学本科学生的荣誉学院，采用荣誉培养制度，实施荣誉学籍、荣誉课程和荣誉证书3个层面的拔尖创新人才培养机制，其下设的多语种高级翻译人才试验班刚好符合我的职业预期。进入卓院要经过一轮笔试和两轮中英混杂的面试，其选拔的严苛令我不得不谨慎对待。从8月起，我就着手准备面试，思索可能遇到的情况，这样，即使我没有被录取，我也曾经为梦想努力过。没有什么命中注定，只有一路挥洒汗水，一路前行。

我一直有一个强烈的想法，那就是尽管我只是中国十几亿人口之一，但我要凭努力为祖国做出非同寻常的贡献——通过口译，我可以连接中国与世界，助中国更好地与世界接轨。其实还有一点，就是我这个人比较喜欢自由，不喜欢坐班，我理想的生活是见各种各样的人，去世界上不同的地方，做自己喜欢的事，陪着爱我的和我爱的人，不必整日为生计奔忙，或淹没于柴米油盐酱醋茶中做一名家庭主妇。多数自由职业显然收入不乐观，不足以支撑生活，但我了解到口译尤其是同声传译属于需求大于供给，不会出现为了理想而囊中羞涩的状况。理想王国需要一定的物质基础来构筑，所以口译对我来说无疑是一个较好的选择。

至于未来的规划，我想先在大学本科4年打下坚实基础，延续在衡中的拼搏精神，不荒度青春，不挥霍大好年华，然后去英语国家读研，在原汁原味的英语环境中提升自己，拿到过硬的文凭，为自己镀金。如果到时我的能力足够强，我会考虑进入外交部，在履历上添上有分量的一笔。成为业界的佼佼者后，我会选择退出，做一名自由职业者，凭着已有的名气承接对外贸易方面口译工作，并用挣到的钱陪着家人旅行，补上我们曾经错过的时光。

理想终究是高于现实的，不然就不能被称为理想，但是我可以让现实无限接近理想，追逐自己的诗和远方。

谁谓未来远，一苇以航之

（南京大学人文科学试验班多高昂）

谁谓河广？一苇杭之。谁谓宋远？跂予望之。谁谓河广？曾不容刀。谁谓宋远？曾不崇朝。

谁能听到未来的步伐？谁能看到未来的身影？就在几个月前，未来还是奢谈，可盼望着盼望着，未来已来到身边。

这之间的分水岭便是高考。虽然谈及高考，总会有缺憾的伤口在隐隐作痛，但在展望未来之前，以客观平和的心态回首过去，也是不可或缺的环节。一方面，高考绝对是一场旷日持久的拉锯战、奋力拼搏的肉搏战，3年、6年乃至12年如一日，踏实付出毫不松懈，让我们渡过此关，各得其所。另一方面，高考也不过是一次普通的考试，平时未解决的问题高考依然会存在，平时会出现的意外高考依然出现。就高考结果而言，有同学实至名归，有同学超常发挥，当然也有与我同样未达到预期的同学，甚至有同学选择了复读。然而不论如何，高考的落幕只意味着新的挑战的开始，而绝非我们奋斗的终结。

在那段"岂曰无衣？与子同袍"的岁月里，未来更多地充当了冲锋号的角色，却不免成为幻象。如今，当高考的硝烟散去、大学的校门敞开，蓦然发现，光明前景就在眼前。对我而言，这光明前景指向对人文的追求。我从小就对人文抱有浓厚的兴趣，不论是画、印等传统艺术，还是诗词赋、文章等文学，抑或历史、哲学等经世治道，都以其特有的魅力持续不断地吸引着我，使我沉醉其中，最早可从我尚在垂髫之年的诵读《诗经》《楚辞》的热情中窥见一斑，亦可在小学、初中创作的蹩脚的诗歌、散文中得到明证，更可见诸如我对文史名著的一得之见。尽管在十二载寒窗苦读生涯中，这些只能被当作业余爱好，但就在我所能触摸到的现在，"人文"正以前所未有的高大姿态屹立于我的前途——这已成为我郑重选择的专业大类。

与南京大学人文科学试验班（人文艺术传播类）的相遇有些阴错阳

差——先与清北无缘，后与人大失之交臂。不得不承认，起初选报南大，不过是分数限制下的无奈之举，然而经过一番考察了解之后，我对南大及南大人文大类油然产生了一种敬意。所谓"物华天宝，人杰地灵"，作为六朝古都的南京，钟灵毓秀；曾是中央大学的南大，英才辈出。论底蕴，这是超过百岁高龄的老校；论新意，这是办最好的本科教育的青年舞台；论师资，这是众多长江学者、杰出青年教师的集聚地；论学子，这是李济生、杨洁篪、华春莹等国之栋梁的母校。南大"诚朴雄伟，励学敦行"的校训与我的价值观若合一契，身处其中定将使我深切感悟"大哉一诚"，定将助我践行传承"天开教泽"。而更重要的是，这里的人文专业无疑给了我瞭望未来学术的窗口、停泊梦想航船的港湾。让南方风情陶冶我的灵魂，让金陵文气注入我的笔端吧！我不必妄谈梦想，我无须臆测未来，因为走入南大人文，我距它们如此之近！

一个真正的中国文人，即便只是"三尺微命，一介书生"，也不能兜转于杯水风波，必须走出书斋、走进民生，做到"为天地立心，为生民立命，为往圣继绝学，为万世开太平"，因此我希望通过刻苦钻研，攀登学术高峰；留校任教，续写弦歌不辍。"学而优则仕"，倘若学有余力，我希望从政服务于文化、教育部门，推行有益的主张，对于国民或有裨益。如果有朝一日，我能像儿时所祈愿的那样，播撒人文火种于五湖四海，赓续华夏精神于千秋万代，那么我将无愧于四年南大，也不枉十载寒窗。

当然，仰望星空的同时也要脚踏实地。圆梦之路不易，但我就是要发扬踏实肯干的优良传统，胼手胝足，聚沙成塔，这就是我在这个暑假仍然保持在校作息、坚持每天读书写字的缘由。我们应当清楚，人文需要的不是什么浪漫情怀，而恰是吃苦能力。

如今我才理解了孔夫子的教诲——"仁远乎哉？我欲仁，斯仁至矣。"仁义如此，人文亦然；奋斗不止，梦想可期。谁谓未来远，一苇以航之。

未来已来，规划＆畅想

（东南大学文科试验班孙崇迅）

当录取通知书邮寄到家的时候，我知道那沉甸甸的金色包装袋就是我叩响未来大门的敲门砖。龙应台曾在《目送》中说，一件事情的毕业永远是另一件事情的开始。未来已来，高中毕业不是奋斗的结束，学业未竟，大学四年便是拼搏的开始！

记得进入衡中时开始很长时间都很不适应——换了一个新环境，生活发生了彻彻底底的变化，自己的性格、心智也被新环境不断打磨、历练。而今，当我再次站在新的起跑线上，我明白我的生活必将发生更大的变化——不一样的城市，不一样的环境，以及渴望已久的自由，等着我去经历。但我知道，大学也将是梦想孕育、发芽、成长的地方，大学的生活多姿多彩，但也五味杂陈，仍须上下求索。

谈到大学就不得不提到专业。由于刚刚高中毕业，对大学的专业了解不是很多，所以我选择了一年的文科试验班作为一个缓冲期，以便做出更好的抉择，但总体的意向是经济与法学方向。从经济金融的专业来讲，专业的要求是：系统掌握经济学基本理论和相关的基础专业知识，了解市场经济的运行机制，熟悉国家的经济方针、政策和法规，了解中外经济发展的历史和现状；了解经济学的学术动态；具有运用数量分析方法和现代技术手段进行社会经济调查、经济分析和实际操作的能力；具有较强的文字和口头表达能力。随着全球经济的深刻变革和中国经济的增速放缓，我们国家现在急需大批高端经济型人才，以应对世界市场带来的不稳定。如今国家的金融政策不断变化，越来越多的行业、人才加入了金融领域，但经过几年的调整，资本开始降温，许多金融公司逐渐退出或转型，这就使得市场上的工作机会变得稀少，金融人才市场过于饱和状态严重，这是这个专业以后面临的就业风险，但就像狄更斯所言"这是最好的时代，也是最坏的时代"，人才结构性短缺抬高的是高端人才的身价，这就意味着金融相关专业的人才必须努力过知识、学历关，否则不但发挥不了自身的价值，可能连就业都成问题。

法学专业主要学习法学的基本理论和基本知识，受法学思维和法律实务的基本训练，具有运用法学理论和方法分析问题及运用法律管理事务与解决问题的基本能力。法律最重要的一条定义是，它是国家公平正义的理论基础和政治支持，所谓"法令行则国治"即为此理。我国的法制逐步健全，但需要大量的执法、普法人员让法律条文由知识变成常识，让法律意识深入人心，而作为青年的新一代大学生有责任与义务成为其中坚力量，因而积极投身法制中国建设，以法推动中国梦的实现依旧是专业选择的上选理由。

即将开启的未来充满机遇、惊喜，也满是坎坷、挫折。我们处在新时代，自身的命运与国家息息相关，但生活也变得更加现实，生存的成本愈加高。无论如何，人生的一个新的阶段即将拉开帷幕，愿自己以及所有和我一样的青年能尽情享受这美好岁月，不负青春年华！

有所热爱，有所作为

［浙江大学人文科学试验班（外国语言文学类）李萌］

从初中起我便喜欢日语，上高中后更是将成为一个日语翻译作为学业目标。在家人看来，这一定是我喜欢看日本动画片的结果，我并不否认事实确实如此，也不期待别人会对我的梦想高看一眼，但我还是不愿看见别人对我放在心头上的热爱嗤之以鼻。每当有人将"喜欢日本"与"不爱国"捆绑在一起，我都有一种无力感，一种无论如何解释仍得不到认可的无力感。我没有办法说服个别人日漫真的不是给小孩子看的，它能教给我什么道理；也没有办法说服个别人日本人并非都是右翼分子，有多少日本人在正视历史。因为，我本身只是一个上进心不足、玩心很重的中学生，而不是循着自己喜好指引有所成就的正面典型。事实上，只有站在一个足够高的平台上，成为一个足够强大的人，才有为自己的热爱正名的能力。

所以，我选择了浙大。浙大以"求是创新"为校训，曾被英国著名学者李约瑟誉为"东方剑桥"，如今在各高校中亦是不容忽视。怀着对浙大的崇敬、对未来的期待，我选择了浙大的人文科学试验班（外国语言文学类），其中包括英、俄、日、德、法等专业。浙江大学外国语言文化与国际交流学院的院训是"学贯中西，格物致知"，其中既有对学问的追求，也有对交流的需要。我认为语言的功能与魅力都在于交流，而交流则可以破除人与人、国与国之间坚固的屏障，所有的误会、不解的坚冰都需要用交流来融化。浙大是综合类学校，专业面涉及很广，我也不会将自己的世界局限于语言一个专业上，而会利用好学校能够提供的资源，开阔眼界，全面发展。我相信无论是学校还是专业，于我而言都是无悔的选择。

选择大学及专业，于我而言是一件承前启后、继往开来的事——承前之爱好，启后之事业。我喜欢日语，我梦想着成为一名翻译。日剧《校阅女孩河野悦子》中校阅部部长在谈到校阅这份工作时说，即便无法见闻于世，即便无人褒奖，但这项工作的的确确在支持着他人，这是拼尽全力、支持全力以赴向前之人的工作，自己深爱着这工作以及为这工作拼尽全力的人们。在我看来，翻译也如同校阅一样扮演着幕后英雄的角色，因为出错往往比出色更加显眼，所以"无我"常常比"有我"更加重要。江河滔滔固有威势，做一叶渡船亦有价值。

衡中老班常说她最喜欢的一个短语是"Make a difference"，做一个对社会、对国家有用的人，应从社会因你而产生一点点小小的改变开始。无论是在外交场上叱咤风云，还是在屏幕背后做一个平平凡凡的字幕君，只要有人因为这份工作而获得了方便，我就觉得这一切都值得。价值有大小之分而无高下之别，微弱的涓涓细流也能汇聚成磅礴的大江大河。

热爱源于内心，是至死不渝的忠诚与信仰，是九死未悔的丹心和热血，愿每个人都可以用自己的所作所为为热爱正名。

未来已来

（武汉大学工商管理类秦仁渤）

当高考成绩揭榜，大学通知书拿到手中，回想起3年的高中生活，诸多感想涌上心头，有苦有甜。既然曾经的努力奋斗有了回报，那么未来的人生画卷就要靠我自己来完成。

其实对于我来说，在高中一开始并没有清晰的规划，也不知道自己想要的是什么，只是为了一个空洞的大学目标而学习，但这种别人强加的意志并不能给我持续的动力，反而让自己更累。所以，我尝试改变，我希望能够自己选择好的专业报效祖国，实现人生的价值。还好在高三有班主任马老师与大家的陪伴与帮助，才让我最终成为最努力的自己。

于我个人而言，升入大学，与大城市的同龄人相比，见识、眼界各方面都有差距，处理一些问题还不够成熟甚至稚嫩，视野也有一些狭窄，所以在接下来的大学四年生活中，我要在武汉这座城市真正磨炼自己，最大限度地提高自己的能力，让自己有一个由内而外的改变。

之所以选择工商管理类的专业，并不是因为我十分了解，而是对经济比较感兴趣。众所周知，经济是国家健康发展的永续动力，因此研究经济规律才能够帮助国家立于世界民族之林。中美贸易战以及美国对华为的无端指责，美国的无耻与颠倒黑白让国人愤恨，但这都是以GDP作为支撑的，这更加坚定了我选择此类专业的决心。对别人来说，也许这个专业只是介绍中的几个名词而已，但我相信见微知著，由微观到宏观，通过对它的进一步了解，一定可以获得专业知识上的富足从而为自己的梦想服务。

大学意味着新的开始、新的机会，仅仅局限于自己的天地是不够的，更不能以自我为中心，封闭自己，无论多么傲气的人都要融入整个集体。另外，我认为大学对个人的要求更高了，没有所谓的外力推动，一切全凭自己掌握，自制力成为至关重要的因素。这是我对自己的要求，更是一种期待。不夸张地说，曾经的我仍然带着假装努力的念头，将努力的外表留给了他人，自己只剩下忐忑不安。假使这是大多数人的通病，也要在我自己身上克服掉。

大学四年，或许能成为改变我命运的又一关键期，曾经"不切实际的幻想"如今有了施展的空间；或许我不必再艳羡他人，我也能成为那个多才多艺的人。我仍然会申请班长这一职务，我要对得起身上的责任。我会让自己的足迹留在武汉的大街小巷，感受这座城市的一点一滴；我会在空暇时间找一份适合自己的兼职，体验生活的不易；我会时刻与图书馆为伴，因为我相信那就是天堂的模样。

最后，我想对所有722班的同伴说："天使从空中飞过，听从神的意志隐去双翅，像乘着降落伞一样飘落到世界的各个角落——我落在北国的雪原，你落在南国的蜜柑田。"我们之间的差别仅仅如此。希望我们都有美好的未来！

无悔今夕，未来已来

（华中师范大学经济学类曹颖）

未来是未知，也是希望，经历十年磨一剑的我们，终于跨进大学的门槛。悟已往之不谏，知来者之可追，未来生活的轮廓在我脑中勾勒。

当年一入文科深似海，迷迷糊糊，懵懵懂懂，从未考虑日后何去何从，如今考入华中师范大学经济管理学院，意料之外也在意料之中。高考以后的日子里，我们的选择会很多，随之而来的抱怨和非议也很多："这个专业不好找工作""这是冷门""没啥好活别干"……曾经生活在象牙塔中的我面临铺天盖地的"社会化条框"，限制了我的想象、停滞了我的选择。做自己认为有意义的事情，莫让社会的成见裹挟自己；是非在己，毁誉由人，得失不论——这既是劝勉，亦为自警。我想，唯有如此，我才能选择自己的未来，而不是庸庸碌碌、随波逐流。

罗素曾在《我为什么而活着》中说，对爱情的渴望，对知识的追求，对人类苦难不可遏制的同情，这三种纯洁而无比强烈的感情支配着他的一生。很早时，我就立下与钱锺书一样横扫图书馆的壮志。将手机放远，沉醉于书香，是求学者应有的模样。有人说过，"人这一辈子，就是在填补自己灵魂的缺口"，而知识则是这个过程的必需。少年自有少年狂，谁没有点儿远大志向？我想行军入伍，镇国守土；也想守护绿水幽幽，青山永驻。也许是对人类苦难的感悟和对生活的眷恋，或者是因热血动漫的感触，抑或是受他人价值观的循循引导，让我希望为这个世界做些什么，如服兵役、投身公益都是很好的选择。无论如何选择，都不可辜负了梦想与时光。不少人问我以后想做什么工作："当老师？""当会计？""考公务员？"……我想说，都可以，有没有意义主要在自己。带着一颗追求极致的心，让自己的所作所为于人类有所贡献，正如我们班有句话说得好——"聚是一团奋斗火，散是满天报国星"。

我对经济管理专业的了解仅限于专业介绍，但是一定会将它学好。我

并未考虑换专业，每个专业都有自己的有趣之处和困难之处。个人认为自己对心理学有不错的天赋与兴趣，可以考虑选修此课程，以此来丰富生活，优化思维。说到学习，我仍能记得高中三年总结出的学习方法和规律，有的堪称经典且屡试不爽，有的可能因为事变时迁而被淘汰。没有守成不变的道理，实事求是也应是学习的精髓。《天行九歌》中鬼谷子说过，为了获得老师的赞赏而寻求的答案，那么老师的高度就限制了你们的视野。学习仅为知识，而非知识以外的其他，目的越多，牵制越多。抱着这两种态度学习，可以事半功倍。

　　未来有太多的变数与不确定，不是所有的选择都能如己所愿，但我们可以做到的是，无论走到哪一步，都能坦坦荡荡、无愧于心。

现在即永远，当下即未来

（中山大学工商管理类周再兴）

　　世上最不值钱的是时间，但最珍贵的也是时间。转眼衡中三年已过，高考已成了过往云烟。不论是心理上，还是身体上，高考之后我经历了不少，也对未来构思了很多，恰巧前一日班主任马老师邀请我们谈一谈自己未来的规划，我便也借此机会和诸位学弟学妹分享我的一些思考。

　　若谈未来，总是离不开过往的。我一直坚信，一个人的经历塑造其人格，所以在此我先浅谈一下自己的过去。受家庭环境影响，我幼时对商业产生了浓厚的兴趣，小时候没有什么别的爱好，最喜欢的事情就是看各种各样的商业杂志。在网络上跟进最新的商业资讯。对商业世界的强烈向往促使着我关注着各种新式的科技、模式、理念，也推动我接受进一步的专业学习。

　　在谈规划之前，我就我的大学专业进行简单的介绍。工商管理类专业属于管理学的一个大类，这个大类所包含的专业很多，主要有工商管理、市场营销、会计学、财务管理、国际商务、人力资源管理、审计学、资产评估、物流管理、文化产业管理等。中山大学的工商管理类专业在国内被评为A+级别，所以我在未来本科阶段所接触到的教育资源、环境相对较为优良。

　　之前我们或多或少听到过这样的说法——"挺过高考，大学就轻松了"，现在我想告诉你们，这是大错特错的，是最不负责的误导。不只高考过后你不应放松，人生的每一个阶段你都不该给自己的懈怠找借口。大学是新的竞技场，而且拼的不再仅仅是分数，还有实践经验、分析解决问题的能力……竞争只会更加激烈，我们也只能更加努力地去应对竞争。

　　另外，我在本科阶段也有其他的打算。当初选择中山大学及其管理学院，我看中的是其综合性大学的优势以及管理学院作为王牌学院的强势，我想本科留在国内，等到研究生申请国外留学。

　　高考之后，我和同学成立了晨风毕业生服务中心（我自号"晨风先生"），先后组织了晨风旅游专项、晨风教学专项，积累了一定的社会实践经

验，但这些经历不足以让我去预测研究生以后再远的事情，更不敢说我未来一定会做什么。我意识到人生充满了变数，同时我们也在不断成长，随着视野的开阔以及对事物理解的不断深入，我们对很多事情的看法会逐渐改变，3年前的我和今天的我所考虑的方面一定是不同的。因此，我并不提倡过早地去确定自己的人生路径，这时的我们还不够成熟，见识得还不够多——在你还不知道选项的情况下，你又如何选出一个正确、合理的答案？

再有，商业是一个很泛泛的概念，虽然以后我有很大概率是会从事这个领域的某项工作，但我无法确定具体是哪个行业，这取决于未来的新技术、新理念、新模式、新方法，更要看个人的能力、团队、机遇等。多年后，我也许会是一个成功的企业家，也可能是一个时运不济的创业者，这都是说不准的事，一切都要看我未来几年的努力。

所以，话说回来，我们能抓住的也不过就是现在，现在即永远。

◎高考前的学法指导：怎样学习最高效

英语学法指导

（郭文昌）

大言不惭地说，我英语还可以，希望分享的内容可以对学弟学妹们起到一定的帮助作用。

宏观而言，英语无非就是这么几方面：词汇、语法、书写，以及最邪乎的语感。

首先，来讲词汇。词汇就像中国的汉字，是构成英语这门语言的最基本单元。学习词汇，最重要的是音标。音标就像拼音，学习音标直接可以纠正你的发音，这对后面的学习、以后可能接触的面试都有非常重要的作用。同时音标和拼写是相连接的：你会读就会写，这一点很重要；音标学得好就不用怎么背单词了。同时，也要利用好手头资料整理好动词的短语集结，并且重视虚词，如介词、连词的意思对比，改错、填空很有用。最有用的就是整理英语的前缀和后缀，能够成倍地增加你的词汇量！

其次，来说语法。你先要有一本好的语法书，维克多也好星火也罢，重要的是你要看进去，同时找一些填空题来练练手。整理也是必要的，如关于倒装你可以整理出"闹事"（NAOSHI）的组合，虚拟语气可以整成"3I3W1T"，好记方便。

再次，就是比较难的一关，书写。书写直接决定着你的英语作文是20+还是20以下。书写强调的就是坚持，挑好笔（力荐百乐V7，效果拔群），挑上10分钟美妙的时光，用一张习字纸，少年练字去吧！一手好字对英语学习有着重要的作用。

最后，说一说最难但也最管用的语感。语感来自你对英语的使用，包括听、说、读写各方面，个人认为最有用的就是读和听。一方面，早读可以去读一读完形或者阅读（我高二上学期做过的一篇阅读和完形特别感人，是那种励志文，我剪裁下来一直留到了现在，没事就读）；另一方面，你要多听（可以与同学用英语交流，也可以多听英文歌。我就这样听了8年，对词汇和语感特别有帮助。你们可以找一下WEST LIFE，歌都超棒。语感放到最后说是因为它最多只能起到辅助的作用，切记不要依赖语感。

说了这么多，英语归根结底是一门语言，而非科目。语言的用途是交流，既然是交流，那就要利用每一次机会去用这门语言，毕竟交流才是学习语言的不二法门。

预祝学弟学妹们英语149分，高考大捷！

高三学法与感受

（杨梵）

高三时间紧、任务重，从一开始就保持紧张状态并做好规划很重要。每个同学都会在快节奏中找到适合自己的学习模式，这里分享一些我的学法和感受，仅供学弟学妹们参考。

一、做好计划

计划不仅是分配一天的任务和时间，让自己不陷入补完这科补那科的怪圈，更重要的是让自己有一种紧张感和有序感，提升学习效率。计划可以按任务（分出各科任务并分配到自习里），也可以按时间（分日计划、周计划甚至更长时间的计划，尤其推荐在高三开始就做好目标与规划），都很有用。在做计划时完成老师留的作业是基础，尽量要找时间（即便是休息前的几分钟）去完成自己的个性化任务。

二、利用好课堂与自习

各科的课堂与自习是学好一科的关键，大家经历了高一高二两年应该都很有经验了，"认真""专注"之类的不再赘述，不过要注意专时专用，即使任务紧也要抓住当下。一边干别的一边听课，能听懂也会损失很多，因为课堂需要延伸——听老师讲同时记下灵感与困惑，想到类似题和考法，链接相关知识，甚至由一个点发现一类方法等，这比匆忙赶完作业重要得多。有的同学习惯自习去做尽可能多的任务，但一定要注意自习考试化。有的同学考试答题时犹豫不决，结果想得越多越出错，可能就是因为自习时没有深入思考，当时想得少又不太在意对错，最终导致平时学习与考试两张皮现象。

三、框架和思维导图怎么做

文综这方面框架和思维导图多一些，常见的框架、思维导图和专题模板同学们一定没少做。这里推荐一下政治主观题的题材分类，如对外开放、乡村振兴、现代化经济发散类、政治新制度解析类、文化关系类等，要总结共性并分析个性来源。列框架和思维导图对历史专题也很有用，可以帮助写出材料中没有的点，当成背景知识也很好。据此我总结过城市专题，包括古今中外的城市兴衰演变，感觉非常有效。

四、关于心态

最重要的一点是千万不能敷衍应付，如果实在完不成就和老师沟通，当然觉得任务对自己提升作用不大的话也可以和老师交流，一边觉得没有意义一边又匆匆忙忙是最不可取的。还有注意保持心态平稳。高三的每次考试都很重要，但不能让自己的情绪波动太大，否则考后时间转瞬即逝。在平稳和冷静之外，激情是很重要的。每天主动迎接挑战、探索学法、获取知识，在合作和竞争中感受高三完全掌控自我、追逐梦想的美好，会让同学们每天动力满满。

希望同学们在高三找到更多适合自己的方法，追梦高三，圆梦高考！

浅谈作文

（孙亚楠）

与语文作文的斗争必然是最持久的，战线必然是最蜿蜒连绵的，涨分绝对是最慢的，然而并不是没有可循之道的。

借此良机，已"荣升"师姐的我将我的所看所思总结给各位前行者，以此共勉。

与一篇高分作文的相遇，就是与一场恋爱邂逅。所有的高分作文，都是始于颜值、陷于才华、忠于人品。

一、始于颜值

能用颜值解决的事情，就不要用才华。

首先推荐几种不善楷书（字形紊乱不大好看）的人适宜练的字体。第一种就是隶书，即扁平化处理自己的字。第二种是瘦金体，写出质感，字形舒展，适宜字形"菱然蔽之"的人练习，但是不太好练。第三种是魏碑，也很不错。不建议行楷、行书，因为字连在卷面上显得很乱，连笔更是要不得。

不管是何种字体，呈现效果最重要，而阅卷者最想要的不是美观，而是整齐。整齐本身就是一种美，它节省眼力，一目了然，让阅卷变得顺畅轻松，自然备受欢迎。有些人用连笔自以为帅气无比，其实损害了整齐度，反而不受欢迎。写楷书时注意字尽量不超出方格的内切圆，摹颜柳欧赵是免不了的。写隶书注意上下平齐，重心居于行中央。写瘦金体注意尽量不要忽大忽小。写魏碑注意笔画出棱角、撇捺皆有脚。写的字保持同一种风格，这也帮助提高整齐度。

选笔也很重要，1.0的笔笔迹太粗了，一般0.5或0.7就可以了。

在我们日常训练时，要有两个目标，一是把字写好，二是把字写快。这两个目标是递进的。为了达成这两个目标，临字帖是必要的。除了字帖描红，在作文纸上临摹也是将练习与考场连接在一起。不要以为写字帖就万事大吉，计日程功，要充分利用习字纸。

二、陷于才华

字体是吸引的手段，但不是吸引的目的。用颜值吸引阅卷者的兴趣，仔细一看写得却不怎么样，嗟叹之余，分数也没了，所以文章要写得有亮点。

（一）最大的亮点请先给标题

除了有些烂大街的对偶式（特别提醒：作文题目不要写两行），古诗文化势头渐旺，非对称性题目也重出江湖。可套用的标题如"于A处见B"，A通常为话题中心，B的色彩按A来定，褒义有阳光、清泉、晴空等，贬义不再列举。还可以有"此心安处是××"，如"此心安处是吾乡"。还可以用"××××须××，××做伴好××"，化用杜甫"白日放歌须纵酒，青春作伴好还乡"。更直接的有"知否知否？应是××××""××，生命中最美的璎珞""××——生命的双桅船""××××，且行且珍惜""××与××齐飞"。标题套用的核心在于话题，不能偏离话题。标题字体大小与正文一致。

（二）把亮点献给开头和结尾

开头和结尾要一起考虑，这样首尾不会忘记呼应。开头和结尾的区别在于开头稍长一些，而且必须十分明确地点题（点题时请别骑墙），结尾最好有所深化、升华，有意蕴悠长的效果。现象时评类作文通用开头是排比式，"当……当……当……"，"当"后面的句子一定要美丽有文采。引用名言当然很好，但只是为了引用而引用就不可取了（譬如随意引用《诗经》中的句子，实则与本文中心毫无关系）。开头和标题没有必要非写上几个生僻字，过多生僻字有做作之嫌。结尾升华是思想力的绝好体现，最好运用暗喻，长短句结合，如"谨愿社会绝巘之上，能有更多的文化嘉树挺立，葳蕤清茂，生生不息"。

（三）亮点还要体现在引用上

一是引用名言。名言通常较短，数量却大，平时背完一遍后立马忘记绝不停留，考场上一个也想不起来，这是困扰很多同行者的苦恼。背诵名言的诀窍在于归类，下面举几个示例。

1.引出分析原因是可用的好句

①蛾扑火，火焦蛾，莫谓祸生无本；果种花，花结果，须知福至有因。

②一滴水中折射出太阳，一个果壳里藏着整个宇宙。

2.体现温情的句子

①我一直在寻找那种感觉，那种在寒冷的日子里，牵起一双温暖的手，

踏实地向前走的感觉。

②让美丽的夜空带我们跨过平庸。

3.网络手机青少年型

①我们将毁于我们所热爱的东西。

②怨无大小，生于所爱；物无美恶，过则为灾。

③手机阻止了无聊，也阻止了无聊所拥有的所有好处。

4.积极向上的态度

①飘风不终朝，骤雨不终日。

②心怀万里阳光，何惧蜚短流长。

二是引用事例。近年一个热词兴起，叫做"无例证作文"，全靠思辨撑起一篇文章。这样的思辨高度是我们难以企及的，所以不要想着抛弃例证。素材是最不需要担心的问题，课本、活页、班会甚至是同文语境的运用里，任何地方都有素材出现，素材是否鲜活、恰当以及如何使用素材才是最需要考虑的。屈原跳江与司马迁受宫刑就不要再用了，所有人都在用这个例子你也用，先不谈加分，印象分不下降就很不错了。1小时里看到屈原跳几百次江真挺折磨人的。所以，素材的转换十分有必要。当你想写司马迁时，不如写司马光在被贬的逆境下耗费19年写《资治通鉴》；当你想写文天祥"人生自古谁无死"时，不如写写林则徐"苟利国家生死以，岂因祸福避趋之"、夏完淳"毅魄归来日，灵旗空际看"；当你想写奉献时，不如写写杨善洲（通俗点用"杨善洲，杨善洲，老牛拉车不回头，当官一场手空空，退休又钻山沟沟"；文化色彩浓些用"绿了荒山，白了头发，老骥伏枥，志在千里"）。没有什么是不可以替换的，就看平常下的功夫了（最好的例子就是文学家、哲学家、科学家，《庄子》《诗经》，苏格拉底、金庸、塞林格）。不舍得对作文投入时间，作文也不舍得帮你提高分数。

最后，亮点有了，还得完美地连缀成段。目前高考反宿构是不假，但那些高分作文很多抢眼的话并不是全靠考场上灵光一现，其实都早早地就构思过某一段、某一句。所以作文的练习必不可少，小语段的练习必须精彩。水平实在不太好的同学可以倾向于多背背范文，毕竟背之前是别人的，背之后就是自己的了。

三、忠于人品

人品在作文里的展现就是你的情怀。在褒贬色彩强一些的作文里，感情倾向要体现得淋漓尽致,细节也不能放过。通常宏大类"红色作文"基本没人跑题,但是要想写得精彩脱俗可就太难了。扪心自问其实我们也爱国,不比那些写得好的人少半分,但是一腔热血难以表达。目前我见过的最好的表达就是代入自我,("我"怎么怎么样,"我"看到了什么什么,"我"目睹了什么什么),如2018年高考满分作文《你我的梦,中国的梦》:"我有幸与新世纪同生,更有幸与新世纪的中国一路同行。许是注定,我见证了这18年来祖国的日新月异。有道是,'周虽旧邦,其命维新'。两千年前,中国还是奴隶社会;一千年前,中国还是封建社会;今天,中国是飞速发展的社会主义社会。我看过北京奥运会上灿烂的烟火,我上过来自宇宙中的授课,我走过众多山区里崭新的公路,'为国者,以富民为本,以正学为基',中国做到了。'精准扶贫'已进入攻坚阶段,扶起了后劲十足的东方巨龙。而如今我坐在这考场之上,将我12年所学化作文字,正是得到了科教的好处。中国梦是不会终止的,尽管成就已辉煌,但逐梦人不会停下脚步。我的中国梦,18年后也是你的梦。"

青年类作文亦是如此。此类作文中不要害怕出现"我",也别害羞出现"我"。

在贬义较强的文章中,要体现我们的鄙斥与痛心。这种批评类文章顶峰的当数鲁迅先生的杂文,无论是《记念刘和珍君》还是《拿来主义》,课本上已经将精华展现。尤其是《记念刘和珍君》,大家务必背诵其中的句子,提高是很快的。批评类文章注意最好在第二段就点明本质,要写深刻,如深圳交警让司机注视远光灯、城管运用技术手段连续不停地拨打小广告上的电话,这显然是一种"以暴制暴",这4个字必须在最显眼的地方呈现。追根溯源也是写深刻的绝好方式。最重要的是,批评类文章一味批评其实并不好,最晚在倒数第二段就要提生活中美好的事例行为,证明你其实是心向美好的,你的眼中不只看到了黑暗,也增强了文章的辩证意味。

温情类、情感类的作文,宏大一些的(对社会、全人类的温情)可以借鉴一些报刊的新年贺词,小一点的就可以联想、延伸(追根溯源往深里说不太好说,再追溯就可以到宇宙大爆炸)。相同的事例有哪些,原因不好说,但是影响好说。写影响时写得有情怀些:什么社会天朗气清,什么天心月圆,什么嘉树清茂等。

作文题目变化多端,其实万变不离其宗,就是写你所思所想。练习,让你的考场优秀写作成为本能；积累分类，让你的底气越来越足。

本文只是大略写写师姐的粗浅感受，其中不足，请师弟师妹见谅。

理性备考，感恩前行

（代如意）

一声悦耳而熟悉的铃声响起，高考已经结束，所有的一切已经画上句号。听到有人大喊"终于考完了"时，我还没有反应过来，只是为自己隐隐的一丝喜悦而感到担忧——为什么考完试会有放松的心情，为什么能够跳出高考看高考，这都是状态不好的表现。所以，从我的教训来看，无论在高考前做了多少揣摩出题人意图和试卷整体分析的训练，那都只针对往年高考，与眼前的这张试卷无关，我们需要做的只是全身心投入做题——不要管对错，不要想成绩。

其实，我的高三可以说是一帆风顺，顺利得让我觉得高考时我会遭报应。我入班时是31号，是之前从来没有过的学号，当时并没有感觉伤心，因为觉得终于有了衡中这样一个平台做自己想做的事，于是开开心心按自己的方法学了5个星期。一放假，瞬间回到从前，学习理念的不同让我感受到了重重阻力，慢慢继续高二时的应付状态。直到有一天，我崩溃地想明白了一件事：我真正想要的是自由，是不在意别人看法而直击问题本源的清醒与冷静，以至于有时听到老师夸奖有些同学勾画清晰、作业完成好，我总是会怀疑真实性，因为我做不到。后来开学了，一调在"意料之中"考了班级40多名，但我一点儿也不难过，因为知道这就是真实水平，更加相信自己的学习能力和判断——平时就要像对待考试一样对待学案和作业，写多少算多少，更重要的是质量。三轮复习，从最低的起点开始，做最坏的打算，求最好的结果。第一轮复习的时候，只挑最重要的任务做，其余时间用来回顾基础知识，短期内没想着见效果，但久而久之，成绩确实有提高。最重要的一点是，平时做题，每一道题都用自己的理性思维解决。题做多了会有题感，会出现一看就知道选什么的情况，这时候往往感觉做题特别快，正确率特别高，又不用费脑子，但其实慢慢丧失了思考的能力。一到考试，越想认真做越不会盲目相信题感，但长久未训练过的逻辑思维已经不足以支撑做对题，往往在不知不觉中考得一塌糊涂。所以，平时慢做题、勤动脑，考试时才能游刃有余，让感觉与实际成绩相符。

在高三一年中，对待成绩的态度十分重要：在进步后告诉自己这不是我的真实水平，有很多侥幸；在退步时更要告诉自己这就是自己的实力，再不学习就晚了。不要把努力挂在嘴边，要打心底觉得自己不够努力——课间在学习又怎么样，问问自己是否真的在能力水平上有进步，还是仅仅在机械重复？自我要求必须高，早操到位要早，更重要的是真的把知识记在心里（大声而又快速地念书看起来效率极高，但真正记住了多少只有自己心里知道）。我一般会给自己定指标，一句话念过三遍必须记住，早读下课前5分钟把背完的再背一遍。自习不盲目追求做题数量，思考后的正确率才是应该追求的目标。老师曾经问我为什么完不成作业，我当时说因为不想放弃任何一道题，要像考试一样对待，思考后的完善才是提高。我是真的想真正解决问题，一句话，见过没背就等于没见过，同样类型的题重复做除了能练速度就等于没做过，不能把自己做了很多题、吃了很多苦等同于努力。流水线上的工人比谁都累，但创造的价值也许不如看似轻轻松松的脑力劳动者创造的价值大。创新是时代的要求，反套路的试题会越来越多，需要训练的是面对新问题如何解决的能力，而不仅仅是积累经验和套路。

到二轮、三轮复习时，基础知识不能忘，着重练的就是解题技巧，但最后也不能被常规思路限制。

以上，就是我高三的心得体会，我还想提提我的恩师。在学校，老师就是衣食父母。有一次我感冒了，身体极度不适，班主任马老师似妈妈一样一声声提醒，似妈妈一样满满关爱，自己却拖着疲惫的身躯始终在坚持着。我们经常沉浸、陶醉在题海中，以致过了用餐时间，马老师怕我们饿坏了经常督促我们去吃饭，自己却始终在教室守候。在我难过和迷茫时总是马老师给予我鼓励又指引方向，又在我飘飘然、扬扬得意时帮我清醒。高三这一年，我最值得回忆和感谢的就是我最难忘的老师们！师恩重于山，每每想起这些总是思绪万千，总想用心唱一首《感恩的心》给老师听。

我的高三结束了。花开花落，我一样会珍惜。感恩的心，感谢有你。伴我一生，让我有勇气做我自己。

感恩的心，感谢命运！

有关数学和地理的学法与心态

（张思硕）

每个人的高三都是独一无二的，但无疑也有共性——在高三你知识最扎实、刷题最带感、变化最大、起伏最多……很荣幸在这里和大家分享我的高三。

首先，我想说的是学习知识。分数，无疑是高三的硬通货，而知识的掌握和运用能力就是分数大厦垒高的根基。因为我的地理和数学比较好，所以就说说这两科吧。对于地理，知识上有课内和课外的区别，也就是所学原理、案例、区域特征以及未知的其他，上到星辰下到地心、大到宇宙小到一粒沙都可能出现在试题中，答案往往是意料之外、情理之中，也就是说如果学得够精就有做出来的能力，所以请务必重视课本，务必重视基础知识，无论何时！然而，纵有过硬知识，有时还是会犯难，因为地理题实在太宽、太灵活，所以还要重视方法，具体方法有读图、读题、组织答案。在组织答案上我想多说两句：客观题答案必须在3遍之内选出来，必须有足够论据支撑，必须保证4个选项都看了、想了，选好后一般勿改；主观题要保证模板不漏，材料不漏，短句多条，尤其注意材料不太懂的一定要写上（多写无亏。注意是按点采分，所以过程不用强迫自己写得太完整）。具体提高方法，一方面是看、想、记（客体可以有很多，如课本、学案、题、杂志、新闻等。高三更深切感受到高一、高二的积淀有多重要），另一方面就是足够多地训练、反思、总结、归类。数学方面我只想说一点，那就是大题一定要做！亲自做！拼命做！尤其是解析、导数！就好比健身，不咬牙坚持会有肌肉吗？！

其次，是心态。有一句话是"方向比速度更重要"，这没错，好的心态会保证我们向正确方向前进。心态中第一位的是梦想、是目标，明确自己的目标会感到从内心发出的力量。记得三模前，老师动员大家时抛出了一个问题：三次模拟考试都失利了，还有信心高考考好吗？我心里说有啊，因为我在目标明确的同时还知道高考前的每一次考试都与高考无关，这就涉及面对考试的心态了。说实话，在衡中我最喜欢的地方，一是我的床，二就是考场了。我真的是十分喜欢考试，因为考场就是我作为一个学生检验自己、展示自己的最佳平台。而面对成绩呢，不悲不喜、不疼不痒是假的，但我真的不很在意——成绩波动是正常的，因成绩不理想而产生的剧烈的心理波动在我看来是必须避免的。还有假期心态，这是我的遗憾，因为假期我没能做到在学校里那样的进步，原因无他，就是心态不对。记住：假期利用好，学期一定顺！

最后，我想提醒大家：当你前行无力时，请看看周围的老师、家长、同学、后勤人员，他们都在和我们并肩作战，他们是我们的后盾，更是我们咬牙坚持的又一个理由，我们要对他们的付出负责。记得我状态不好时，自己还在挣扎，老师已主动伸出爱的援手，马静丽老师、周媛老师、韩幸婵老师、刘静祎老师、孙玉静老师、郑秀荣老师都帮助过我，甚至在我问问题的时候都会和我谈心。高三过后回头想想，如果没有这些可爱可敬的老师真的未必能撑下来。

分享结束，我还有点儿私心，我要为像我一样为年级、学校服务的同学打call：不管是校会、级会、学管会，还是其他，在衡中东跑西颠和人打交道、操作计算机等都是宝贵经历，绝对不会耽误学习，而且保证对成长有益！

语文、地理学法分享

（李月娇）

高三走过这一遭，成绩虽不优异但也有一些自己的学习经验，希望对大家有一些帮助。

一、语文

1.关键在积累本和作文本

一定要错题分类，拿到新本先分区。语文的知识很碎，错的也碎，不分类很难发现自己的弱项，在比较中才容易发现问题。一定要整理选择题，低错和理解性错误要分开，尤其是常错论述类的。理解性的问题看起来没太多门路，但多积累后就会发现理解能力不知不觉中已经得到提高。作文素材要常积累。要多注意平常做过的阅读题（这样印象更深），也可以分类积累（如科学家、大国工匠一类），还有就是常复习（复习大过天）。

2.考试时间分配问题

在最后自主复习中的语文测试中，我严格给每道题分配时间。我的安排是论述类、不连续文本、小说（散文）、文言文各15分钟，一般会根据题的难易做出调整，但在1小时05分前一定会做完这四部分，之后诗歌10分钟、默写3分钟、语言应用20分钟，这样确保作文1小时。在高考时我的时间分配也是如此，使心态更平稳。

二、地理

1.大题更重要，因为分差更大

做大题前一定要把几问都看全，一是可以判断题的难易，估计做题时间；二是可以明确几问的联系，防止出现几问答案都很像的情况（这种情况就表明答的方向出现了大问题）。

2.有效改错很重要

一定要分析清楚每一个答案是怎么来的、材料有几个、带套路的材料有几个、其中的逻辑链怎么推出来的等。到后期会做大量的题，很难保证每道题的改错时间，但可以做到少而精，确保每一道题都是为了收获而练。

3.语言积累对于地理学科来说十分重要

因为考试判卷按点采分，有关键词才有分，而关键词多为地理专业术语，必须多积累。做题对答案的过程应是积累的过程，看到新颖的词或老师建议的一定要记下来（可单列一个本子）。

4.重视老师常提的小专题

如果不是被老师逼急了可能很难挤出时间来写，但写了就一定有好处，可以不用太细，如自然原理类的都放一起。多积累一定会见成效，关键就是坚持。

5.关于自己的薄弱点

有人是看到一类题准错（如天气运动），这样努力的方向就很明确，但大多数人是根据题的难易分散地错，这时候除了关注基础知识本身，还应找到题的切入点，注意题干导向和所学的联系（切忌过度），这样效果会好一点儿。

其实高三一年老师会给出关于学习的许多建议，都很有用，关键是找到适合自己的方法。要多动脑想想什么是最有效的方法，切忌在题海中迷失了自己和方向。不要以时间紧为借口减少整理与复习，到后期时间会越来越少，只要立即行动、坚持不懈做下去就终见彩虹！

关于数学的一些学习心得

（郭天赐）

一、重视基础

"基础不牢，地动山摇。"在一套试卷中可以说有80%都是基础，学习上应该先夯实基础。数学学习的目标不仅是掌握，更应该是熟练。在学会某个知识点后，不能自得大意，应认真练习，提高熟练度。这样做有什么用呢？可以提高你做容易题和中档题的速度，为你做难题节省出时间。

二、重视规范

规范应该在日常中养成，而不应指望正式考试时再注意。在衡中你有自习考试化的机会，有调研考试的机会，这都是很好的练习机会，做作业不应求量而应求质。我的做法是准备一个小的可以随身携带的笔记本，随时把问题以及一些你认为重要（因人而异。重点、难点、错过的、遗忘的都可以）的知识记在上面并及时温习。

三、重视纠错

一定要做好积累改错本的工作，如果没有改错只是一味地做题是会事倍功半的。做题的目的是检测自己的盲区、难点，把不会的变成会的，把不熟的变成熟的。忽视改错去做已经熟练掌握的知识，只会让你获得虚幻的成就感，心态不稳的同学还可能因此产生骄傲、浮躁、自负等消极情绪。

四、一些学习方法

学习Work hard很重要，但How to do it更重要。现在是信息时代，要学会利用数据。

1.学校的读报机、W3系统都是辅助学习的利器

不是让你看读报机上的娱乐新闻，而是去分析自己的数据（成绩），找准自己的弱科与强科，固强补弱。人的精力是有限的，你不可能做到面面俱到、雨露均沾，有选择地倾斜自己的精力、时间是个明智的做法。

2.学会画表格统计

按单元、按知识点、按题型等。

失分统计表

考试	选择	填空	数列	三角函数	立体几何	解析几何（圆锥曲线）	导数	二选一		备注（用来写明错因）
								不等式	极坐标系	
一调	60分	20分								
周测										
……										

可以同时用不同颜色标注，如规范性失分、粗心大意失分等，自己添加分类吧。

五、重视高考题

不要认为高考题比平时练习的题容易而大意，要认真研究出题人的命题意图及考查的知识点。

最后，重视自己的身体健康并保持良好的学习、生活心态。身体是革命的本钱，相信老师、相信衡中、相信自己，不懈的努力+正确的方法=成功。

你们一定行！Never say die（永不言弃）！

居安思危强实力

（李嘉怡）

关于高三的语文和文综学习我有些许个人心得与体会，希望能给学弟学妹一些借鉴，但经验之谈只能是辅助，大家仍旧应该根据个人实际来应用。

关于语文的具体学习，高三的一轮主要是铺垫积累，保证自己的知识储量，老师要求背的、记的尽量吸收，夯实基础。首先课堂是保证。对于课堂的严苛程度，最好达到老师的每一句话都记住。其次，对于自习，一定要保证专注度。有时候语文自习学习量很大，但是一定要保证质量，每一道题都要按照考试模式去做。其实不仅是语文，每一个科目都是质量最重要。质量不需要耗费很长的时间，只要求用最快速度完成最大量的思考。要多做题，不要和别人比较谁做得多、谁写得快，倘若凡事你都用心对待、用脑思考、做事踏实稳妥，成绩自然会偏爱你。再次，对于语文学科的资料，要有效利用。没用的资料直接扔，改错一定要及时，上课裁剪卷子、直接在积累本上写笔记都可以，但前提是真正听懂了课，保证课堂全部吸收。最后，高三后期的练习要有针对性。论述类、应用类保证时间，一定要潜下心来读进去，千万不能因为时间紧随便看看就写，各个板块练习要有针对性。

对于文综学习，关于态度这里不过多强调，需要记住的有两点：第一点是不管文综题出得难还是易，它永远都是能拉开分的一科；第二点是文综学科成绩是可以稳定优异的，不要过度听信文综成绩忽上忽下，其实那是个人原因，与科目自身情况无关。倘若自己足够努力，方法正确，关注的地方正确，投入的时间充足，文综三科特点的研究足够，哪怕题目再多元，你也有能力永远优秀。文综分科目来说，政治学科其实是三科中比较简单的，只要保证态度，绝对可以拿下。一轮奠基很重要，要确保知识无死角、无漏洞。一轮期间和二轮、三轮要学会复习，根据个人短板安排复习计划，经常反问自己哪里不行。政治选择题要保证良好的专注度，每一个字都走心地去阅读，除了找到关键字，还要在读完后内心对于这个题干有一种总体感觉把握，对于各个选项内容要思考为什么这么说、这么写。对于历史科目，我觉得最好的背书时间在一轮，但在下半年每天做题中一轮知识很容易忘，弥补的办法第一个是利用寒假时间把知识全部背一遍，第二个是以题带点，由每天的题目去对照自己哪里不行赶紧再背一背，另外老师课堂上讲的内容、提到的知识点也可以当作复习的点，课上赶紧记。对于地理，首先要保证课堂。地理课堂一定要最严格要求自己，不仅老师每一个字、每一句话要听进去，还要互动、思考，去反问自己为什么。自然地理一定要弄清逻辑，没明白的赶紧问老师、同学。固定的定理知识必须记住；人文地理不能有定性思维，你要相信万物皆有可能，不要用一个事物套另一个，要根据题干和正常的思维常识去做题。

希望个人拙见能对学弟学妹们有所帮助，望母校永远辉煌。

我的学科感悟分享

（张玉晓）

高中三年结束了，想与大家分享的是对以下四大学科的感悟，这其中有经验也有教训。

第一是语文学科。在高一、高二两年里，自己并没有对语文学科投入足够的重视，因为前两年主要是进行一些专项训练，包括小说、诗歌、散文、文言文等，大多是一些比较零碎的知识，我想当然地认为只要平时掌握老师上课讲的知识，调考的时候分数就不会特别低，因此平时就没有再额外下功夫，在语文学科上付出极少。直到高三，各个学科之间的竞争越来越激烈，花在语文上的时间越来越少，渐渐地语文成绩就像是温水煮青蛙，一点一点滑入谷底。等自己意识到的时候，已经临近高三上半学期结束，这个时候想要再去补救语文成绩真的是非常困难。连续四次考试，我的语文成绩都在班级后十徘徊。也许大部分同学会认为已经很难补救了，或放弃或浑不在意，但我觉得亡羊补牢为时未晚，因此每天依旧只完成学案自助包括一些高考题，反复研究、认真思考。可能写的记录不是特别多，却一定是自己思考性的东西，渐渐语文成绩在高三下半学期的最后阶段逐渐回升。这个过程痛苦而漫长，我却庆幸它提早出现给我解决的时间。所以，在高一、高二就应该把语文重视起来，打下好的基础，养成良好的语文学习习惯，形成正确的语文学习生物钟。

第二是数学学科。我认为很重要却被多数同学遗忘的一点就是回归课本，因为课本上是一些非常基础、非常原理性的东西，如果把这些东西都掌握了，后面的很多问题都会迎刃而解。我曾经花费两节课的时间去搞懂一些非常琐碎的知识点，等解决完才恍然大悟，发现这不过是数学原理的起点。很多数学的公式及技巧都是这个道理，只要把起点弄懂，后面的一切就顺理成章，不用花过多的精力去死记硬背也可以解决很多数学问题。

第三是英语学科。在很多同学看来，英语并不是非常难的科目，但提高成绩却是一个日积月累的过程。我最大的经验就是可以背一些非考纲词汇，以及一些常见但并没有出现在考纲里的阅读词汇。这些词汇如果解决的话，对阅读有非常大的帮助——可以提升阅读速度，也可以准确理解文本内容。这些非考纲词汇的背诵，对我后期英语学习有非常大的帮助。

第四是综合学科。我只想说，一定要把它们当成一个整体，不要分散学习与作答。高一与高二在三科没有合并之前，文综是我的强项，但自从这三科合并之后，我的文综成绩非常不理想，原因就在于我把它们分成一个一个的单元，而没有把它们看成整体。在作答的时候，没有得分意识，注意细枝末节而未顾全大局。地理是我的弱项，我在地理上花费时间过多，政治与历史的优势发挥不出来，同时也是平时练习没有做到位。希望同学们在平时练习的时候保持高度的紧张感与得分意识，这样才能在考试的时候和平时一样保持稳定的心态，不至于乱了阵脚——该得的分得不了，不该得的分依然没有得到。

总而言之，高中三年我的收获非常大，教训也非常多，走了很多弯路，最后返璞归真，发现听老师的话才是王道！

披荆斩棘，我定成功

（王佳诚）

说起高中这3年，我的学习经历与他人或许有很大不同——在普通班徘徊两年后进入文科实验班，我的经历更适用于从底部一点点攀登的人。

每个人的能力都有所不同，但毫无疑问，能考入衡中的人绝对不是泛泛之辈。我这3年的最大目标，便是不断解决问题并提升自己的能力，但这并不是一蹴而就的过程，需要聚沙成塔、集腋成裘，在幸福与煎熬中打磨性子、锤炼能力。

一、认清自己

开始时抬头看路比低头走路更重要，每一个在衡中出发的追梦人都应当是有梦想、有目标的人，新高考的学生都应有自己的生涯规划。认识自己的长处和不足是努力奔跑的第一步，而实践是认识的来源，我们在学习考试的过程中一点点了解自己也在一点点改变自己。新高考的考生最开始要学九门科目，但最终会除去三科，这就迫切需要我们在3个月的学习过程中认真学习并挑选自己所热爱的科目，了解自己的长处，审视自己的缺陷。

二、解决问题

在一点点的学习中，我用亲身经历告诉你们进入实验班的关键：解决问题。毋庸置疑，解决问题的过程很痛苦，让人身心俱疲，但破而后立的真理永不过时，解决问题才是认识问题的目的。正如我们一次次的调研考试，考试本身不是目的，从考试中考核自己并吸取经验教训解决问题才是调研考试的最终目的。如果你的意志足够坚强，能够容忍一次次考试带来的伤痛并不断解决它，你一定是最后的赢家。

三、点滴积累

"我羡慕你们，因为你们时间足够"——我相信，你们听过这样的话，但我想与你们分享我的理解。3年是一点点提分的过程，一夜间不能提升100分，但3年可以让你们提升200分。阶段性调研考试最棒的一点在于，它测试的是你某一阶段的学习成果——如果你这一阶段好好学习，你一定是班级乃至年级的佼佼者（不信可以试试）。高中三年有数万个知识点，但高考数学仅仅是128个知识点，由此可见，提分的过程很缓慢。但请你们不要灰心，400分到500分再到600分，一分一分提升是3年的磨砺与积淀，高三的突飞猛进是高一、高二点滴积累的过程，正如数学从高一、高二的100分到高三的140分以上，多做题、多积累、多见题型，最终你会有质的飞跃。

四、正视做题

学习的过程也是一个磨砺心态的过程。比如，有的人考后失利，睡一觉后元气满满；有的人考后失利，颓废一周，恢复一周，学习又一周。两者相比较，学习结果必定差出十万八千里，所以要足够坚强，足够有韧性，更要足够乐观。

至于做题与积累的关系，我想也是困扰很多同学的问题。有的人一本一本地做题，却没有什么结果；有的人做题略少，成绩却突飞猛进。在我看来，积累比做题更重要，只有积累下来，内化为自己的知识储备，做题才有意义。如果只是一本一本做题，缺乏自己的感悟与思考，1小时就忘记所做的内容，那纯粹是浪费时间。当然，即使积累比做题更重要，但如果没有见过足够的题量、题型，只是局限在一隅之地，也绝不会有太大建树。所以我的建议是，在有足够题量的基础上（日常学案作业必须完成，自助有能力做则做、没能力就做精要的题）进行整理积累、反思感悟。

五、正确积累

积累本绝对是我们超越别人的制胜法宝，但如何让它成为我们的利器，其实大有说法。也许高一、高二有时会盲目地把题目和答案剪下来或是抄下来，不加思考，即使看起来工工整整，脑子里也没存东西。我认真地告诉大家，老师查积累本不仅仅是为了积累本，更是为了同学们的学习成果。老师会因看到同学们整齐美观的字体而欣慰，但这字应是个人思考感悟的结果，而绝非抄袭答案的结果。我希望同学们在整理积累本时能有自己的思考和感悟，有时一道题的感悟比抄五道题更为重要，虽然会耗费些时间，但同学们不必担心，所谓一法通万法，你弄懂一类题型，其他相似题目便不在话下。在过程中锤炼自己的思考、解读等诸多能力，正是高考筛选人才的需要。

六、正视老师

有些同学对老师有误解，认为不符合自己的心理诉求，处处与老师对着干。但我想告诉同学们，衡中老师都是顶尖人物，是老师中的佼佼者，他们为我们付出很多，披星戴月，殚精竭虑，就为同学们能够拥有追求卓越的能力。也许有人会说老师与自己的性格不匹配，但正如华为老总任正非所言，学习衡中模式，既然无法改变，那就要学会适应。一个班那么多学生，不可能让老师一个个适应，那就要我们适应老师的节奏。相信老师，与老师积极沟通，向老师寻求知识或是生活上的帮助，绝对是我们高中生提高学习成绩的幸事。

七、正向思维

有的同学抓住错误的思维不放，一定要反复思考错题。是的，我们要寻求老师、同学的帮助解决错误问题，丰富自己，但这并不是说我们就要反复思考错题，与其反复思考错题为什么错误，不如思考正确题为什么正确。有一类题目是最优题目，顾名思义，便是最优答案。有时一道题4个选项，我们不能完全否认其他3个选项，但我们能知道，有一个选项比其他3个都好，都正确，那恭喜你，你拿到了分数。不断思考正确题，让自己的思维与命题人走向一致，"与命题人对话"，是我们提分的保障。

八、保分关键

大多数时候我们超越别人，不在简单题上（因为大家都会），也不在难题上（因为大家都不会），关键在中档题上。比如，数学高考120分是基础，剩下30分选尖子生。那么如果不出低级错，你至少会有120分的保障。保分保分，就是简单题不出低错，中档题基本不出错，会做的全部拿到分数，不会做的把会做的过程填上，能写一步是一步。尽最大能力拿到自己能拿的分数，是我们超越别人的保障。

九、厚德载物

也许有人会认为人品对高考成绩没什么大用，好好学习就能考高校，但学长想告诉同学们，人品绝不可缺少。至少在我3年的高中生涯中，我能问心无愧地说，我从未有过害人之心。与人为善，与环境为善，是社会主义核心价值观的需要，也是现阶段高考教育立德树人目标的需要。

综上便是我对同学们的寄语，希望每一位同学都能不断奋进，不断超越，走向理想之路。

稳心态，持强补弱

（侯易鑫）

高三上半学期，我可谓是大起然后大落，从班级十几名到二十几名到四十几名再到倒数，内心的滋味实在不好受。但在下学期我考过班级第十名，在三模考过班级第五名，终于努力得到回报。在这里我想分享自己在这一年的思考，切身的体会更让人铭记。

高考是持久战，欲速则不达。不要想着一定要在短时间内实现成绩的飞跃，你有一年的时间、精力、耐心实现最后的逆转。我一开始考了3次四五十名甚至倒数，心里也很着急，但是急并不能改变现状，反而会加剧浮躁，让你沉不下心。

一、保持自信

说实话，在那么多次考不好之后我真的很受打击，但是在上学期期末之前我就看开了——虽然考不好还是选择相信自己。每一次考试前我都告诉自己这不是高考，还有机会改正。下学期我的自信来源于在失败中看到希望。一调、二调我还是老样子，在三调的时候我发现自己不是什么科都不行，而是政治一科考了倒数，拉低平均分很多，拉着总名次往后退。这时候很简单，专攻这一科就行了，这一科提上去了你就上去了，然后我开始整理搁置很久的政治积累本。四调政治上去了，地理、历史又没考好，又是40多名，那好我就再转战地理、历史。终于在五调的时候，数学优势没掉，文综也上来了（考了254分）。在漫长的蛰伏期后，我迎来了春天，考了班级第十名。

二、稳定状态，让优秀成为一种习惯

接着上面说，对于一个考了很久四五十名的人来说，突然考了班级前十名让我欣喜若狂，自己的努力终于有了成效。之后就是浮躁，不能特别认真地学习，六调我的成绩就下来了。当时我发现我们宿舍的4号同学，在考了班级第一名之后依旧能静下心来看书。经过交流，这才明白人家已经把优秀当作一种常态——她在高中三年一直是班级前十名，第一名、第二名经常考，所以对此已经习以为常、理所当然，而对于我这种常考四五十名的人来说，考好一次就会飞上天。班级里有不少这种同学，成绩跟坐过山车一样，好一次坏一次，原因在于我们没有一个稳定的、好的状态。考好了开心是一定的，但打江山容易守江山难，那些能在逆境中冲上去的人固然可敬，但更可敬的是能稳定下来持续优秀的人。我要成为这样的人，要有冠军的心态，要以冠军的标准要求自己。

三、不要否定自己的努力，你终将得到回报

虽然我上学期考得并不好，但在下学期再回首上学期是很感恩的。我上学期地理偏科特别严重，地理老师让偏科生天天写小专题。文综合卷后我自己主动分类整理地理选择题，如原因类、材料体现类等。地理选择题的整理从未断过。我一道题一道题琢磨，上学期地理成绩未有起色，但下学期地理名次能到班级第八名，这确实是给了我不小的惊喜。我发现下学期的小专题有一些我在上学期就整理过，因此很有成就感。所有的努力不会立刻见效，但总有一天它会给你惊喜，你会感激在逆境中没颓废仍旧努力的自己。

四、一定要搞好自己的强科

我一向只靠数学提高成绩，数学就是我的生命线，文综从来不会雪中送炭而是雪上加霜，所以对于我来说更要抓住数学这张王牌。在三模考试中我能考到班级第五名也是因为数学高了平均分将近20分。对于数学，一定要舍得花时间，不要对圆锥曲线和导数怵头，一开始认真学，之后解题会越来越顺的。我公自大部分都献给数学，解出题来的成就感无与伦比。

总之，感谢你做错的每一道题，感谢你考砸的每一次试。当你考砸时，想想这不是高考，你在高考前犯的这个错误是上帝在帮你，所以吸取教训继续前行吧。

力未尽，气未绝，身未死，不弃不馁，持之以恒。不负我心，不负我生。

学法无涯，我心永恒

（施靖蕾）

一、学语文本质上是欣赏美

1.在小说、散文中得到一种灵魂的沉醉和洗涤

对于小说，无论是它的承载形式、文字本身，还是它想传达的内在精神、情理，都是作家对实际生活的总结提升，你既要把它当成故事津津有味地读进去，也要把它当成听邻家大妈拉家常一样真实地读出来。放在身边去感知它，与生活中的情境相对接，让人物活在自己身边，才能触摸到小说的灵魂。至于散文、诗歌，不要抵触，说什么散文不如诗歌有意思，我看是你对人家没意思。走进散文，感受单纯的文字组合之美，领悟人情百态、自然哲理、古今共慨。

2.在论述文、实用文中得到一种步步走进新知的惊喜

不多说，送大家几个关键词：好奇、理解、大局观（把握文章思路、结构）、判断力（如果两个选项都像错的，则排除那个错得更离谱的）。

3.对作文矢志不渝

这是个系统工程，别妄想几天就大功告成，也别总用"慢慢来"麻痹自己。要是真用心，提高10分也就是几周的事：期期优秀范文认真研读，掌握几套模板、几种开头方式、几种论证方法、几个例句、几个辩证词、几个亮点……高分可速成。别看不起日积月累，在卑微的努力中往往有奇迹。

4.练字（置顶）

这可是提分的命根啊！要练出效果，一个字一个字地观察范字的几何特征，对照自己的字认真修改。要好好练字，做到凡写字必好看（包括文综二卷），高分自然来！

二、数学是逻辑学

1.硬逻辑推导

其他学科的逻辑是软的，是模糊但必然的，动情又理性的，而数学是纯硬逻辑推导，要的是无懈可击的数学说理，必须有极严谨的思维，不能臆想条件，一些结论要有必要的证明。

2.洞察本质

无论是老师讲解还是自己看答案，都不能满足于看懂，要用大括号勾出巧妙的几步或自己卡住的地方，想想人家为什么这么做，用常规方法是否能解出来。透过烦琐的解题洞穿思维本质，用简洁的词概括，并总结到积累本上。

说到积累本，建议用两种积累方式：一是以技巧为分类单位纳入；二是以题型为分类单位记下此题型的多种解法（俗称路子。再遇上此类题型时甲路不通换乙路）。

3.一般逻辑题的逻辑

思考问题先要知己知彼：①明晰自己有什么，原始条件有什么，并且初步加工成二层条件；②明晰最终设问（什么题型），并且初步加工成二层设问（转化、换元、反证）；③将a、b建联，选择正确方法（先猜后证、孤立参数）。

注意：不是所有问题都能这么分析，还有很多题需要先计算，边算边想才有思路。

4.踏实加灵活

虽然高考很"调皮"，但大家一定要做乖乖仔，不能畏难求巧，因为灵活只能是踏实基础上的灵活，而且数学是很模式化的——按着程序来，世间无难题；按着步骤走，简单题不失分。

三、一学英语就兴奋

1.热爱

学习语言首先要喜欢它，欣赏构词、语法、腔调……阅读就简单了，不就是读个故事吗？认真点儿，保你满分！

2.踏实

语言的学习还真没什么技巧，必须十分虔诚地对待每个知识点。对一些语感好的同学，我的忠告是：永远别放手，抓住课堂和自习，做到一天不学就痒痒！

3.入境，共情

那些叙事性散文的完形，需要你真切体会作者的情感，做到共情，有时甚至被感动到几乎要哭出来。插一句，不知道是不是别的老师也会像我们Mary一样在英语课上开小班会，这些正向价值观就是许多文章的主题。

四、文综靠悟

至于文综，要说的太多了，不过说多少没用，关键是自己悟。自己悟也有一个关键，那就是听老师讲，尽全力完成任务（独立安排，别被踢着走）。特别注意的是，利用好专家讲座，利用好高考题，每次考试前翻看这两个记录本，每次都会有不同的感悟收获。

五、一些通用技巧和心态

1.凝练成词积累法

举个例子，中国外交理念那么多、那么系统，但为什么大多数人只知道"和平共处五项原则""人类命运共同体"，因为简单好记。我们的解题方法也很多，但由老师或自己创造性地凝练成几个词，好记又实用。

2.留一手心态

提前设想考场心态。高考题的难易不能赌，管它难易，要做到有备而来。

3.开放心态

别给自己下定义，说什么"就是背不住年份"；别给知识定义，说什么"抛物线比椭圆更好做"。你一旦有了这层潜在心理隔膜，那就是给高考卷埋雷，定点不定时炸。

4.空杯心态+速成本事

对弱科，你的内心独白应该是"差这么多，啥也别说，快学吧"，你的实际行动应该是寤寐思服、细细品读、日日总结、课课振奋。在距高考还有10天时，这就是我对学习的态度。就是这10天，顶了高三一年。万事可速成，看你用心否。

比努力更重要的是思考

（张广涛）

高三这一年有苦有累，但更多的是充实，在此有一些拙见供大家参考。

关于学法，我认为首先且最重要的是课堂。课堂上千万不要走思，做好笔记，但不是全部记下，特别简单的或者绝对不会错的就不用记了。要记在脑子里。有些知识点记了四五遍，下次老师讲时还记，这就没意义了。

其次是总结。例如数学，把每次周测调考的错误点总结在一起，不一定非常详细，能回忆起来就好。这样做的好处是，一段时间后你会发现自己的错误点很相似，这样只需在每次考试前翻看一下，提高警惕，之后这些错误就会基本消失。其他学科也一样，把自己易错的点或易漏的点分类整理在一起，考前过一遍，扎根在脑海里。考试时一定要审题，做不出来时注意审题，再做不出就跳过去，大胆舍弃。文综选择题审两遍选完就过，不要想着杀回马枪，也不要再改。

思考是重要环节。写积累本时不要一味抄，找出对自己有帮助的点，毕竟时间有限，不要应付老师，白白浪费时间。要注重独立思考。问问题很方便，但要三思而后问，独立找出自己的思维断点更有意义。积累本上的总结不能时断时续，坚持把知识网络以及专题总结下来，在后期会很有用。

高三尤为关键的是努力与坚持，要真付出，付出与收获一定是成正比的，一两个月成绩可能不凸显，但坚持下去一定有收获。不一定来得最早、走得最晚，更重要的是效率，是真正地付出，而不是假努力。遇到困惑及时找老师沟通，分析自己近阶段的问题。成绩起伏很正常，重要的是明确方向，找到自己的不足，下一阶段改正就好。要有平和的心态，不因一时进步而窃窃自喜，进步后好状态要保持下去。这次进步下次退步，很大程度上是因为自满，要坚持下去进而成为习惯就不觉得累了。所谓的"规律"一定是不靠谱的，这次考差下次可能还会考差，实力才是最重要的。把自己的盲点一个个解决掉，多解决几个问题考试时就会少暴露问题。

　　要学会感恩。高三有很多人和我们一起战斗，是老师和家长陪着我们走过了高三，还有那些后勤师傅同样值得我们感激。我们衡中有着最准确的信息、最强大的教师团队，以及最努力的学生，感恩衡中，是衡中培养了我们。

　　努力一定有收获，拼搏的高三最精彩！

学法指导碎碎念

（周骆佳）

一、心态

学习方法不单单指六科如何去学，更是心态的调整。

我认为心态有两方面：一方面为学习态度，即如何对待学习；另一方面为考试态度，即如何对待考试和考试成绩。学习态度对学习效果意义重大，而在高三需保持一种必胜的自信态度，用尽全力、不负苍天、心中无愧的执着态度，周密计划并认真落实老师布置任务的认真态度，针对性调整计划的严谨态度。作业很多但答案没有提前订正或者学案没有认真完成时，可能逃过老师的惩罚，但最终敌不过考试的检验，踏实肯学为正道。考前要平心静气、认真复习、拒绝闲聊，考中要紧张高效（自习考试化），考后不要想分数。考试状态好，成绩不会有太大失误。我有一次因为考试状态不好，从年级第十二名跌到三百多名。

我在高三上学期有两个多月的时间处于低谷期，二三百名是家常便饭，但我从未放弃或失去自信，我知道考前一切问题都可以改正。在认真反思后我决定提高效率并对文综加大付出，成绩最终回升。对于已成定局的，我们要做的是找出出错的地方并改正，不论是显性问题还是隐性问题。

二、方法

（一）语文

1.偏科既很好抓（因为空间很大）又难抓（因为板块很多）

我们要做的是找出弱势板块进行针对训练，总结规律方法。

2.选择题保住，一般成绩不会太差

做选择题不能有固化思维（认为肯定不会在语言风格、环境氛围等处设错），而要逐字、逐词、逐句分析。分析对错要根据作者的观点而不是自己的看法。

3.主观题要做到"具体文本分析+套路"

具体分析文章想表达什么，与套路模板结合。

（二）数学

1.对于没思路的题

要思考为什么找不到答案的突破点，要重积累并最终形成自己的思考方式。

2.有思路却没做对没得满分

要看是因为计算失误还是不规范、不严谨（如忘了检验），可以在积累本上列出几页专门记录这种情况，考前翻看大有裨益。

3.在有效时间里提高效率而不是磨洋工

（三）英语

1.课堂上对错题要思考

尽可能全部记笔记，对课下要改的题勾画下来。

2.自习课前的课间要充分利用

最好自习课下课铃响二卷也完成了。要紧张高效，让自己有事做。

3.早读要复习积累本

自助等资料要有自己的计划。

（四）文综

1.态度上要重视

300分定江山，文综要争取280分。

2.时间上要付出

不仅仅是读背，更要有思考。政治经济题要积累总结语言、角度，主观题要重分析材料；文化与哲学题要记住基础知识，答题的规范要牢记（"为什么"的题要从必要性、重要性分析，意义类的题要先定性、回扣材料、主题词）。地理客观题不是死记答案而是知道为什么对错，补上思维断点、盲点；主观题要重积累总结（一周一总结或者一个专题一总结），归纳出思维方式。历史选择题看时间（基础知识、大事年表）、看主旨、看材料想说什么，不要牵强附会地与所学联系起来，所学是排低错的，新语言未必错；主观题要从语言角度升华；12分的大题要单独分类整理总结。

3.平时与考试要一致

不能两张皮；利用一切机会找到适合自己的节奏，提高总分；选修必须得满分。

三、通法

1.课前要预习

订正作业中出现的错题，有备而来。

2.课上要效率

合理利用时间勾画待改题，积累知识。记住老师讲的每一个知识，紧跟老师，相信老师。

3.课下要计划

给自己紧迫感，将老师的计划与自己的计划相结合，与老师及时交流沟通。

4.睡前要反思

回顾一天所学，尤其是文综与偏科学科。

态度·方法·选择

（蔡一童）

高中三年，高三是最关键的一年，在这一年的时间里，由不可能变成可能，下面我以我的体会姑妄言之。

在学习上，态度是首位。很多时候，我们进步或是退步时，并不是方法有多灵妙或多不管用，而是心态发生了变化。当一个人有了明确的人生规划时，他当前的目标就会更明确，行动会更自觉、更负责任。明白自己为何学习，学习的主动性才会有。

其次在方法上，我以数学为例。

1.要回归课本

把高一、高二匆匆游览或没看的部分补上，课本上的题要全部做完。

2.积累改错

能"当日事当日毕"最好，不能的话两三天或一周总结也可以，同类题型归并（要经常翻看，唯此才能记住。后面有类似题的可以与之前做对比，融会贯通）。

3.体系

数学也是有体系的，可以按知识点、模块总结，也可以按选择题、填空题、大题分题总结，内容应包括知识易错点、错题、规范的步骤等。

4.考试时

审题严谨，计算严谨，并养成核对回看题目的习惯。

还有很重要的一点，即正确地取舍。一轮复习时对各科每一个知识点都应做地毯式"扫荡"，因为这是最后一次机会，此时不存在什么取舍问题，时间一定是够用的。二轮、三轮时的任务会越来越多，这时任务完不成、复习不完是非常正常的，出现这种情况不要慌张。在写之前先想明白什么是最重要、最急切的，其他的可稍微往后放一放。补弱永远不迟，哪怕是三轮也是完全有可能的，不要放弃。三轮后期以及以后弱科可暂且放下，要集中力量固强。

最后是团队合作。充分利用教师资源解疑，在与同学的交流中拓展思路，保持开放的胸怀，不吝啬自己的好方法，也不排斥他人的观点。

希望后来者可以抓住这足以改变命运的一年，勤奋刻苦，不虚度，不让自己后悔。

学习方法论

（多高昂）

一、计划论

计划不可少，但也不可恃。

计划的实际作用有两个：激励与提醒。大的计划即规划，主要起激励作用，也即"前景展望"。我们可以规划的不但有大学选择和职业生涯，还有3年学习生活的总体路线方针。比如，我的总路线是稳中求进，这成了我3年成绩的基本态势。大计划可以防止方向偏差，心中有方向，脚下有力量。小的计划即安排，主要起提醒作用。每天学习任务繁多，列一列可避免遗忘，同时可心无旁骛。轻重缓急如何安排也是一门艺术。

计划不等于实际，任何计划都有完不成的可能，因此都有调整的空间，我们要尽力坚持，适时变通。另外，计划不是充分条件，更多的精力应放在实干上，思想力与执行力要统一起来。

二、效率论

在寄宿制学校，学习时间长度相差不大，因此效率起到决定性作用，而提高效率的基础是正确认识效率。

效率是产出与投入的比值。需要注意，效率不等于速度，因为这里的产出是知识能力上的收获，是对自己的主观世界造成的影响，与完成的任务多少没有必然联系（当然完成任务是基础）。效率是越高越好的，而速度一般以中等偏上为最佳，这一点对做题和整理改错均适用。

因此，我们应增加高附加值的投入，具体而言即符合考纲指向、有归纳性、有独创性的工作。另外，提高效率还需要我们提高专注度，做事有条理，处理好上课听讲与课下自学的关系。

三、状态论

没有抽象的状态，只有具体的状态。

状态包括态度、情绪和思维。态度若不好，成绩免谈。在有好的态度的前提下要注意情绪，平时勿急、勿躁、勿畏、勿馁，考试时类似。此为老生常谈，毋庸赘言。高手之间的状态差别多在思维上——首先，能否快速进入情境（这就解释了为何有人做语文试卷先跳过论述文）；其次，能否专注做一件事（若心思不正，或贪求过多，都会导致不专注，从而出现小动作等表征，但深层的问题在潜意识中）。另外，是否有良好的思维习惯和思维模式（如论述时的逻辑、解题时的条理、计算时的严谨，倘若某一阶段经常算错，那就该检查、修补思维习惯了）。

总之，状态好坏不是万能标签，不可一概而论，自己的问题要实事求是地分析解决。

高三如琢如磨

（刘清浦）

不论是高一、高二还是高三，开学仪式上有一句话总会被提起："高一是基础，高二是关键，高三是决战。"走过了高一、高二，迎来了高三这一年，它就像是马拉松的最后冲刺，仿佛是黎明前的黑暗，重要性不言而喻，却带来巨大的考验。走好高三，决胜高考。

一、高三的意义

毕淑敏曾说，人生本没有意义，每个人必须为自己的人生确定意义。与此类似，高三也需要我们来赋予它一个意义，这个意义即指目标。有了目标，才会有方向，有了方向才会有动力，动力才会持久。首先，这个目标并不能狭隘地局限为某所大学。确实，心仪的大学是距离高三最近的，可以提供的动力也是最大的，但是，我们应该先弄清自己想成为什么样的人，投身什么样的事业，而高三能为目标达成带来怎样的益处——这样想的话，就为奋斗找到了理由和动力。其次，意义是自己寻找的，而非别人强加给自己的。没有比自己更了解自己的人了，别人强加的如果得不到自己的认同，也会出现后劲不足的情况。

二、高三的学习

高三的学习可谓是空前紧张，除了课时的增加、讲课速度的加快，还伴随着更多的试卷、更高密度的考试，这就需要高三学生寻找适合自己的学习方法和学习节奏。

1.学习时间：拉伸长度，拓展深度，合理安排，提前计划

在有限的学习长度区间，如何提高学习效率常常成为一个难题，这需要专心致志不分神，精神高度紧张、集中，高效利用每一分、每一秒。比如，改错时减少既无用又费时的剪切粘贴，对于那些印象深刻和题目比较长的题缩减题干，保留有用或关键信息，可大大提高效率。当然，在提高效率的时候，也不能忘记延伸时间的长度。除了大段的公共自习，还有一些碎片时间

和不固定时间。比如，早晚饭回来越早，进入状态就越早；早操到位越早，背诵的时间就越长；充分利用午晚休响铃之前的时间。我曾利用早饭的时间，一边吃饭一边看语文或英语自助上的文章和题目，回到教室后就省去了很多时间。另外，对每天的学习时间要有计划，合理安排。比如，课间的时间比较零碎和嘈杂，可以用来练字或剪切粘贴；大块的公共自习可以用来解决难题，进行深度思考。

2.相信老师，抓住课堂

有些同学对某个老师可能还不适应，存在抵触心理，这种想法一定要尽快调整。相信老师总是没错的。记住，课堂是关键。课上能记住的知识点不要等到课下去记，课上能解决的问题不要留到课下；把每一个知识当作最后一遍去听，因为一轮、二轮、三轮的任务不同，授课的内容也会有差异。

3.发现问题，解决问题

大多数同学都会面临在有限的时间内是做题还是改错的抉择。毫无疑问，改错应该放在第一位。到了高三，知识大体都掌握得差不多了，出现的问题与漏洞更值得重视。它们是我们掌握不好的知识点或理解有偏差的地方，既然发现了，就应该抓住不放过，彻底弄明白。如果选择盲目地做题，很可能做了半天一道错题也没有，白白浪费时间，导致伪勤奋。

4.行动最大

其实这样的提醒已经重复多次了，有些道理也早就知道了，但只有那些真正做到的人才会产生成效。

三、高三的心态

学习任务的增加、频繁的考试导致心态的起伏波动，因此心态的自我调整能力至关重要。好心态大于好方法。

1.保持自信+居安思危

当成绩不理想时，信心最容易缺失，这时必须相信自己，相信自己的能力和水平，一定会再创辉煌。当成绩较好时，保持恰当的"悲观"。这恰当的"悲观"指的是居安思危（想想其他同学的高水平和自己的不足），而非"命运循环论"（这次考好下次就要考砸了）。另外，每天早上伴随星辰跑出宿舍时喊出目标大学也会增强信心。

2.热情似火+冷静如冰

对待每天的学习，要热情似火。只要处于学习时间，就要全身心投入，使脑细胞处于持续活跃状态，这样可以每天晚上回到宿舍后很快入睡，感到一种"充实性虚脱"。

对待每次考试，要冷静如冰。考前不能浮躁，要静下心来备考，像平常一样尽量多地解决问题；考中不能过度紧张，要平静地去思考，沉下心来专注于眼前的题；考后不能焦虑，要立即投入下一场考试的备考中去；对于结果，要客观分析并解决问题。

3.塑造品格+积攒人品

高三注定是不平凡的一年，有泪也有歌，有苦也有甜，它带给我们的不仅仅是更多的学识，还有影响一生的品质、美好的经历和回忆，以及那群独一无二的人。希望每个高三学子再回首这段时光时，都能无悔无憾。

说说英语那些事儿

（严明）

高中三年，我的英语成绩还是拿得出手的，原因就是我除了严格按老师的要求完成相应的任务外，还摸索出了一些自己的学习规律，希望大家能从中有所收获。

首先，英语的学习相对其他科来说，更像"培养"而非"制造"，也就是说，刻意地去思考英语学习的捷径反而会间接导致正常训练的不到位，从而使成绩下滑。没错，英语学习本来就没有窍门，只有方法，即使真有所谓技巧，能不能适合自己也不好说。反正细想我这3年，没靠技巧就能一飞冲天的，认认真真上好每个早读、正课、自习也就够了。说实在的，英语一般会是你做得最轻松的科目，但一定会是你最摸不着脾气的那一科——你很难真正超越自己。

不过，这并不意味着我们无法找到适合自己的学习方法，我的意思是除了上个补习班、背背《新概念英语》，的确存在适合你自己的、体验非常愉悦的学习方法，比如，看英语电影。字幕不重要，只要里面说的是英语就行。如果你爸妈再给你报班，你拿着这篇文章给他们看，告诉他们写它的人3年英语没出过前15名，但高考口语满分！我基本上只用电影练语感，不过尽量选台词多点儿的。当然正常的早读、正课也得大声"说"，养出语感就好了。

另外，我想的是既然其他学生（你们的学长）在他们的文章里会重复一些老师在你们一入学就讲了的规范，我在这里就没必要再提了，我只有一句话——它们绝大多数都是对的，有时候不对，注意是"有时候"。

这就涉及"高原反应"问题，尤其是在你英语上有一点儿成绩时多发，大约5周一次吧。简单来说，就是你突然不认识自己做的题了，因为错得太多了！这时候你多半还会发现一些方法不管用了。

比如，上课跟着说的方法反而会干扰你的思路，而不是巩固，你会惊讶、着急、折腾，然后把事情搞得更糟——如果你没往下读的话。首先这非常正常，其次处理得当也就是一天的事（最好的消息是它一般不会在考试中出现，尤其英语是你强项时。目前我也不知道"病理"是什么，但恭喜你，这是一个上台阶的机会）。出现这些问题说明你的语感还有提升空间，这时你可以巩固它！最好的方法是做题，这个过程很快，从一篇文章"三错三"到"六错零"就行了。早读更大声些，并且要读一读做过的阅读或完形，连题目也可以读。做这些时保持平静与自信，语感自然回来了。

最后，亲其师，信其道。遇上好老师一定会让你英语更上一层楼！比如，我的班主任马老师就让我的英语在高三下学期实现了139分到145分的转变！即使到了一定的时候，进步亦不息。

希望各位都能让英语成为自己的骄傲，这是我能想到的最好的祝福。

学习方法碎碎念

（曹颖）

最根本的是听老师的话，老师说的方法一定要试一试，如果没有什么感觉，那就说明试的方法不对或没有深入。还有就是注重思维的培养和训练，如逻辑思维、逆向思维等，在文综或数学题上很有用。

我没有特别强的科目，就把我学习中体会比较深的几点分享一下。语文作文上，背范文是个好办法，背好的表达（经典的比喻、吸引你关注的句子等），一定要背出感觉，有愉悦的感觉。我知道自己作文不好，高考前狂背范文，高考是我写得最顺当的一次。

数学改错主要改思路，多想为什么这么做。看到少见的或者长题别烦、别跳过，哪怕是自习很少、时间很紧——多做这种题提升信心，还培养题感。

政治有点儿生硬，我一直这么觉得，但真能参悟哲学生活的方法，对学习帮助很大。政治一定要注重分析材料，看什么样的话对应什么样的知识点，多练就会有感觉。经济生活很简单，主要是抄材料和背知识点，但是要想答案特别准确，还是要多下功夫。

历史主观题也是看什么样的话对应什么样的知识点，多练就会有感觉。选择题有时会比较难，一定要把4个选项都看完，把其他3个排除后再选。要排除的选项中有的是低错，有的不是主要强调的内容（这个很重要，同学们一定要注意话中重点），有的概括不全面。要是实在排除不了就凭感觉（这就是知识或思维的盲点）。

还有要注意的几点：不要犯教条主义错误，认为怎么做就一定会有成果，一切要从实际出发；没有一劳永逸的好方法，有的问题哪怕总结得再全，下一次也不一定做对；要追求完美，只有走在追求完美的路上，才能少出错、不出错；学习是一件很有意思的事，有的同学可能喜欢按自己的思路学习（比如我），但是不要这样，有自己的思考是好的，但是一定要乐于接受并运用老师的思维方式；对自己要求严格点儿，及时觉察并且不纵容自己的走神。

　　我分享的学习方法大致就这么多，好多是老师重复好多遍的，也有我自己摸索出来的，有的甚至还没经过多次检验，同学们根据自己的需要借鉴一下就好了。

　　如果你刚上高三，要对学习重视，多给自己试错的机会（当我摸索出很多方法时已经没几次考试允许我试错了），越早意识到越好。

　　只为成功找方法，不为失败找借口。专注于眼前的学业吧，日后必定是更广阔的自由与空间，相信大家一定能飞向天空，飞向广阔未来。

英语学习小贴士

（周再兴）

首先，我想告诉学弟学妹们，万物同源，万法归一。无论是优雅大气的语文、精密严谨的数学、灵活实用的英语，还是开放多元的文综，在学法、知识、应用上，有着相似甚至相同的特质，这一点在你们高中后期的学习中会有尤为强烈的体验。

学法上，每一届同学都会不一样，同一届同学也会千差万别，所以我不分享什么具体的方法，因为很有可能误导你们，但是探索自己的学习方法有一个共性原则——具体问题具体分析。

在知识掌握与应用上，我只能劝各位学弟学妹，千万不要急功近利。衡中的训练量已经远远超过你的想象，只要你跟着学校走，坚持下去，知识的掌握与应用绝对不成问题。这一点在数学上的体现尤为明显。

六科之中，我唯一能和大家分享的就是英语，这是我可以划为自己领域的学科。总结经验，不过三点。第一点，过去9年（小学+初中）的积累很重要。第二点，对英语强烈的兴趣很关键。这两点我即便分享了，实际操作性依然不强。第三点，我觉得学弟学妹们可以借鉴：就事论事，就问题论问题。换句话讲，发现问题、漏洞，立刻解决、补上。第三点的具体操作过程中有一个很重要的方法——细读与略读相结合。

微观上，一篇文章（包括阅读与完形）大部分可以说一马平川，但也有某部分感觉晦涩难懂。那么一马平川的部分自然就该略读，晦涩难懂的部分自然就应小心研读。读起来有困难的部分，日后需要反复朗诵，如此日积月累，你的英语想不好都难。

宏观上，可以分阶段进行细读和略读，我个人是两周一个阶段、四周一个大周期。细读的两周，主要提升自己的文章分析能力，进行地毯式扫描。这段时间积累本内容丰富得很快（长难句会整理得很多），能力提升也很快。略读的两周，是阅读能力充分爆发的阶段，这段时间做题速度在之前细读的基础上会像火箭一样噌噌往上蹿，提升的是做题的敏捷度。两相结合，如此一次又一次的轮回，会使你的英语不断得到进阶。

关于数学学习的一些拙见

（马瑞雯）

之所以选择了数学学科的学法指导来写，不是因为我有多么喜欢数学，也不是因为我的数学成绩多么突出，而是因为3年之中我个人的数学成绩有了比较大的进步，学习数学的感觉也在悄然向着好的方向转变。

高一时我的数学很不好（尤其是几何），花大量时间学数学，但是收效不大。每天在学案作业中刚刚躲过预习的难题坑，又迎来作业检测的无解怪，于是遍体鳞伤的我拿出积累本准备将它们一一收入囊中，却并不能阻挡我数学成绩在90分左右徘徊的步伐。

比较明显的转变发生在高二，外在的表现当然就是分数的上升，而更内在的就是对数学的态度慢慢转变，对数学学习方法的更好掌握，对数学知识渐渐运用熟练……

废话不多说，直接上干货。个人看法，不求苟同，但的确是经历之后的些许看法。

一、把握好上课节奏

不同的老师会有不同的节奏，或快或慢，这对数学这类对逻辑思维要求高的学科来讲非常重要，就像网友调侃的"我只是上课捡了根笔，从此再也没有听懂过数学课"，除去夸张的成分，这确实体现了学科特点。

简而言之，就是让自己的思维速度尽可能地与老师的思维速度贴合，这样你很可能就会潜移默化地养成一种数学思维。

二、做好课前预习

学案一定要做！要做！！要做！！！不然结局就是——眉头紧锁、目光呆滞、瞠目结舌、不知所措、手忙脚乱、度秒如年地上完一堂别人收获满满而你收获寥寥的数学课！另外，课前预习是上面第一条的重要前提。

三、不懂就问

正如爱因斯坦曾言，我没有什么特别的才能，不过喜欢寻根刨底地追究问题罢了。你看，爱因斯坦都这么说了，我们既然没有像他那样的高智商，那就更应该追根究底，将问题根除了。不要在意你问的问题是多么细碎，可能往往这个小点就是解出许多大题的关键；不要在意你问的问题在别人看来有多么愚蠢，其实每个人都有自己相对薄弱的知识或思维短板，我们不必为此而烦恼。

四、摸索出适合自己的积累本

之所以说"摸索"，是因为每个人的积累本都是不一样的，自己的本自己能看懂就行，最重要的是要有用，杜绝写给老师看，这样既浪费时间又没有收获。

拿我自己举个例子吧，高一时自认为很认真地写积累本，认为就是把题目抄上，然后写上正确答案。NO! Not at all! 高二我开始写完正确答案在题目旁边总结这道题用的知识点、解题的关键一步、思维误区、遗忘的公式等（每道题不一定面面俱到，但起码总结以上一两方面，加深对题目的理解，还可以为以后复习提供参考）。

另外，必要时也可以将同类题型或解题方法放到一起（如导数的放缩法、分别证明两边的思想等），这样对比来看，效果更好。

五、态度很重要

曾经觉得，数学很难，总有做不出来的题，无穷无尽；曾经觉得，虽然如此，但经过高三的N轮复习可以解开这世间的难题，走向高考巅峰。事实证明，这种想法是错误的。

要知道，题是永远做不完的，难题更是层出不穷，做完这道，还有另一道在向你招手。所以，不要想着一口吃成胖子，做好眼前的题就好。还有，难题真的是恒成立一般的存在，遇到不会的难题千万不要丧失信心！

最后，这些所谓经验看似老生常谈，但的的确确是我特别有感触的几点。

非常感谢对我帮助很大的数学老师刘静祎，祝老师身体健康，桃李满天下！也希望为722班辛苦一年的"劳模"马静丽老师笑容永驻，万事如意！

稳定心态，学好历史

（杨展）

高三这一年，尤其是最后一个月，我确实是拼尽了全力。这拼尽全力的努力，是因为我对自己短暂的放纵——高二结束后的暑假，因为对学习没有足够的重视，我疯玩了一个夏天——现在想来，这是一个巨大的教训，那段时间的放纵，让我花了将近一年的时间去弥补。

当倒计时100天开始的时候，计时牌上的数字在我的感觉中变得飞快，100天，50天，30天，时间在眼前一晃而过。我的眼前，依然是做不完的习题、看不完的知识点，以及与同学们对比后巨大的失落感。这个教训是巨大的，好在我及时调整了心态，尽量让自己找到一种专心的状态，并在这种心态中找到了一些平衡。每天六科无限循环地做题，虽然辛苦，但我坚信一句话："须臾收卷复把酒，如见万里烟尘清。"在这个过程中，我真正做到了心中只有学习，在学习中补足自己的薄弱点，让学习成为一种本能与自然，没有了走神，没有了闲思，只有思考与练习。

在各科成绩中，我唯有历史算是能拿出手的。历史这一科，考试的题目往往与学习的内容看似关系不密切，总是在基础上变化出多种考法，但其实历史的解题秘密在于积淀，历史的基础知识、时间点、关键词等，这些都是基础中的基础，是从复习资料、课本中吸收与积累的知识。至于考题，既是必要的也是次要的，真正的知识都在课本之中，在日常的积累之中，在学习的过程中，要懂得分析与舍弃，要分析重点，要舍弃掉不必要的信息。因此，对于历史，我总结了一句话："历史尘沙，乱迷人眼；过筛千遍，真义自现。"

回顾高三的一年，哭过笑过，有喜有悲，幸而有朋友们的支持，有老师的关爱。最感谢的还是我的班主任马老师，为了我们放下家庭、奉献班级。每天看到老师为我们操劳的身影，我们就感到特有动力。

最后，祝学弟学妹们实现梦想、创造辉煌！愿母校衡中再创佳绩！

◎高考前的心态调整：怎么将状态调整到最好

高三如诗如歌

（刘儒骁）

高三，是为梦想拼搏的冲刺阶段，是收获最大、查漏补缺的关键时刻，但同时也是任务繁重、压力巨大的时期。高三一路走来，有辉煌，有低谷，而留给现在的则是深深的感触。下面就与同学们分享我高三这一年的思考，希望对大家有一些帮助。

由装修想到的

阳光破碎的时候门还完整地开着

残缺的瓦点缀着残缺的光

汗珠挂在额头轻轻摇晃

能看到希望是因为机器的轰响

冰冷的运输筐挡住了炽热的星星

枯萎的花瓣在新鲜的水泥里长眠不醒

它们告诉我诸路不通

能看到希望是因为心还在跳动

这是2018年8月开学初学校大规模装修时我触景生情写的。当时学校可谓一片狼藉，沙尘、废料到处都是，可一看到工人在作业，我还是会不自觉地想象装修好的情景，还是希望满满。我想学习也是这样，只要还在坚持，就还有希望。奋斗是最让人踏实的，保持进取，前途定是光明一片。

由重复复习想到的

重复是无限生命不断踩踏出的路

它把盲目引向麻木

却也让智慧得以立足

隐匿在黑暗中的猫头鹰
丈量着经验的长度
越过灌木丛就是思考的通途
那里依旧灿烂的花朵与鸟雀并排而坐
欣赏着无比新鲜的日出

这是一轮复习的时候我在政治课上想到的。当时大量的习题都似曾相识，我便有些懈怠，但一段时间内成绩下滑。仔细分析之后，我发现，我的主观题与别人拉开差距的恰恰是多次重复出现的点。重复的东西可能会消磨我们的耐心，让我们的反应变得不再那么敏锐，最终对题目感到麻木，机械地搬运以前的答案，得不到任何提升，这时思考显得尤为重要。注意不要被重复所束缚，要细心总结，将感悟落到纸面上，才会真的有进步。

由时间流逝想到的

一枚红色印章几支孱弱笔芯
手指上磨出硬茧
冰天雪地里温暖如春摇旗鏖战
跑了好远还是感觉严寒

应急灯微弱的绿光中
溜走了上百个模样相同的那天
它们一起偷走了写满数字的卡片
与从不重复的学案

低头的人翻过了山
吃苦的人尝到了甜
要用乍破的晨曦触摸
铅字精心排布的段落
要让飞逝的流星闪烁

燃烧无尽的数字与过错

还要余程坎坷

依然执着

最后幸福的时刻

年少有味

年少无畏

年少有为

高三除了学习上的问题，还存在自由时间减少、任务紧迫引发的焦虑心理。对此，要保持足够的自信，相信自己付出的每一分钟都会变成能力值，学会勇敢地直面高考，同时抓紧当下的每分每秒为自己加分。任何时候都不要徘徊犹豫，因为这只是在消磨自己的时间，有了平静而又虔诚的付出，定会收获自己满意的成果。

最后，总结一下高三生活，应该就是下面这首小诗。

高三生活

一方热土

一方乐土

热血满腔

热泪盈眶

风好像是甜的

天好像是咸的

睡去时枕着夜晚10点的月光

醒来时遇见清晨6点的太阳

不怕抬头望

总是会有光

最后，希望大家的眼里一直有光，未来可期！

Potentiality

（焦洁）

老师们肯定跟你们说过这样一句话——"你很有潜力"。你可能听得耳朵都起茧子，也可能不相信了。但是，我要用我的高中生活告诉你，你真的有很大潜力。

高一刚入学时我是实验班11号，分科后，我仍是文实21号。高一我没好好学，基本一直考班级四五十名，年级排名更不用说。高二我成了文实53号，当时觉得再不好好学，高三就不知道排哪儿了，然后每天做第一个冲出宿舍的人、第一个吃完饭的人、大声读书的人、认真做作业的人，学号就变成37号、27号，升高三时变成11号，后来是10号。你真的有很大潜力，你不需要费劲儿去想一些花里胡哨的学习方法，只要认真、静心、踏实、听老师的话，谁都可以学好。我可以考到年级第五一十三名，也可以考到年级第五名，没有什么是不可能发生的；我可以从年级第二百零一名进步到年级第七名，也可以从年级第七名退步到年级第二百四十七名，没有什么是一成不变的。你对自己潜能的信任会激励你一直努力，因为你知道，你曾经因为努力登上过荣耀的殿堂。

不管你学文或学理，还是现在属于高考改革吃螃蟹的一批人，没有什么是确定无疑的。高考不会选中谁为天之骄子，它也不会放弃你，你要相信苍天有眼、高考公平。

另外，任何时候都不要放弃努力。在考数学之前半小时，我做了一道2017年数学二卷选修。在半小时后的考试中，我见到了除了数字啥都没变的原题。你可以说这是幸运，但我更相信这是努力的力量。所以，老师说的"考试之前看的就是考点"是对的。

还有就是要找与自己志同道合的知己一起努力。整个高三我有两个朋友一起努力，我们不是一起吃饭、一起上厕所，而是每天早上一起在去操场的路上大喊"我要上北大"。虽然这样喊的人很多，但有人与你一起的感觉真的很好。

最后用郗校长在我们毕业典礼上的一段话与各位共勉："愿我们都能大胆地去爱人，以赢得被爱，收获人间最珍贵的情感。愿我们相聚，是一团青春的火焰；散，是满天灿烂的繁星。愿我们三冬暖、春不寒，天黑有灯、下雨有伞，一路上，有良人相伴。愿我们有前程可奔赴，亦有岁月可回首，阅尽千帆，归来时，仍是如初少年。"

星河滚烫，你们都是人间理想。各位，加油！

致学弟学妹的一封信

（单翠雪）

亲爱的学弟学妹们：

　　大家好，我是722班单翠雪。衡中三年的时光已悄然逝去，我已成为一名衡中毕业生。三年时间匆匆逝去，我有许多感触，在此与各位分享。

　　相信大家高一第一次来到衡中时内心定是激动而又紧张的，我亦如此。面对着高手如云的衡中校园，我感慨着它的美丽，一种"战场厮杀"的美丽。在这里众生平等，任何人都有可能成为上天的宠儿，只要你够努力、够拼搏。"不疯魔，不成活"，这句话我一开始并不喜欢，但经历了衡中三年的磨砺，我渐渐明白了其中的意蕴。奋斗会让自己在现实中存活，相信大家在经历3年高中生活后会有属于自己的独特感触。

　　高一、高二的不如意并不代表着高三的一败涂地，高三一年会有许多变数，大家需要做的是自己掌握自己的变数，改变自己的命运。以我为例，我曾经考过班里倒数几名，但也考过前几十名。成绩就是心电图，不稳定，但是我从未放弃过自己，我也一直相信自己一定可以考取理想的大学。

　　高三是马拉松备考的最后阶段，是地狱通往天堂的必经之路，我们无路可退，只能迎难而上。我在高三初期便出现过情绪波动，在后期更是压力山大。看到其他同学哭着给父母打电话，我也有了想跟爸妈哭诉的想法，但是理智战胜了感性，我知道给父母打电话只会徒增父母的担心，自己本身不会有太大的缓解。我在此给学弟学妹们一些忠告是：高考是自己的事，不要如孩童般给父母压力，我们需要做的是增强自己的实力，以可观的高考成绩回报家长的恩情。

　　高考前夕同学们都较紧张，我更是紧张到睡不着觉，白白浪费了学校延长的睡眠时间。等真正坐到考场座位上，我又平静了许多，激动地迎接自己的"敌人"。高考战场上心态确实十分重要，尤其是最后一场考试，千万不可有松懈之意，要全力应敌。

经过高一的远足、高二的成人礼、高三的高考，我们正逐渐成长为真正的大人，肩上的责任、心中的梦想、美好的远方正在等着我们。我们才18岁，我们的人生才刚刚开始！

风雨衡中路

（范家慧）

犹记得刚踏入衡中校门时的斗志昂扬，经过3年的磨炼，如今的我热血依旧。衡中带给我的，绝不仅仅是学习成绩上的提高，更多的是心灵的滋养与灵魂的锻造。如果没有衡中，我不会明白什么叫梦想，什么叫坚强，什么叫追求卓越。

对于学习本身，首先应确立一个正确的心态。越到后期学习资料会越多，学习成绩会起伏不定，要想取得理想成绩，必须兼备"冰与火"的心理。

一是要冷静如冰。考试前面对繁重的任务不畏难犹豫，就如胡适所说："怕什么真理无穷，进一寸有一寸的欢喜。"考试遇到难题不慌张，遇到简单题不狂喜。出考场后也要摒弃复杂心态，马上投入下一场考试，做到无缝衔接。

二是要热情似火。与其抱怨，不如实干。艰难困苦，玉汝于成。

曾经有一位老师说："如果你认为你做的事情是在浪费时间，那它一定就是在浪费你的时间。当你充满希望和信心地去学习时，你的头脑会更灵活，完成速度也会更快，成就感自然更强。"

除了心态，学习方法不容忽视。如果只是一味地前进而方向不明确，你以为的感动自己的努力只是假努力。我最大的收获就是懂得了"听话是最好的捷径"。衡中的老师都是既有教学能力又有极高责任心的老师，他们的指导和建议是我们成长的最大助推力。然而，任务有很多，我们也不能一味地做老师留的题，我们必须清楚自己的强项与弱点，然后补救提高。

积累改错是重中之重。积累本就是学习和成长的记录手册，要努力做到更全、更精，质量比数量更重要。我曾经陷入一个误区，认为积累本的厚薄是学习效果的见证，忙于剪切粘贴，忘记了思考，结果成绩一落千丈。其实，学习的每一个环节，思考与反思都必不可少，从外表各异的题中挖掘共性寻找规律，再用这些经验以不变应万变。

在衡中学知识，学修身，学做人。古语云："如人饮水，冷暖自知。"局外人认为衡中学子在受苦受罪，我作为身处其中的衡中人只感到乐在其中。在衡中心无旁骛地学习，认真踏实地做事，乐观向上地面对生活，是最纯粹的幸福。

你若盛开，蝴蝶自来

（卢雅轩）

高三一年坎坎坷坷，哭过，笑过，回首看，并不后悔走过。

令我印象最深刻的并不是数不尽的考试，而是那段漫长的低谷期。高三上半学期，我的成绩十分稳定——在一个不好的水平。每次当我满心期待地迎接下次考试时，总会受到更加沉重的打击，但我并没有认输的念头，朋友的安慰、老师的鼓励都让我重拾勇气再一点点走下去。在高三的寒假期间，我每天坚持学校的作息。之前从来没有一个假期这么目标明确过，我要为了自己12年的梦想而努力，我要回到之前的状态。终于在下学期，我的成绩有了好转，就像是终于突破了头顶的天花板，就像是漫长黑夜过后终于迎来了曙光。

对于考试。时间过得多么快，由一开始的考一次哭一次到后来考完了都没有时间去想其他的，只有去弄懂自己不会的知识点和一笔笔写下的改错反思，迎接接下来的一次又一次的战斗。当我开始微笑着写积累本，开始激动地听每一节课，当我每天的早操到位速度从倒数到提前，当我问老师一个简单的知识点受到"责问"仍开心地溜回教室时，我知道，我不再是那个只会哭着问自己为什么而不知道怎样改变自己的小孩了。晚上回到宿舍后进行当天的反思和收获，并且对自己说一句"明天也要加油呀，明天一定会更好的"。无论这一天过得多么低气压，tomorrow is another day.在距离高考97天的日记本上我写下："你一定会达到之前的高度。"在一个月后的考试中，我取得了突破性的成绩。记得有人说过"不是不行，只是你不敢想"，所以还是要给自己一个梦想，给自己一个希望。对待平时的考试成绩不能太功利，当然谁都希望考得好一点儿，但不好的时候才是排雷最佳期——知道自己的不足，改正自己的不足，在考场上才能越来越有底气。高三的考试那么多，其实哪一次考试都不是高考最终的结局。你若盛开，蝴蝶自来；你若精彩，天自安排。

对于缺点。人无完人，我承认自己有许许多多的小毛病（自习低效，到位速度慢，课堂上放不开），对于这些缺点，我阶段性解决并且进行日总结。若有一天自己做到了避免老毛病，就多给自己一颗糖，这样改正也挺有动力的。

对于考前。在进入高三宿舍时，我看到了学姐写下的100天倒计时，每一天都有，直到最后。当时我想，如果是我，在距离高考100天、50天、10天、1天直至在高考考场上的时候会有怎样的心情呢，到那时我的状态是好是坏呢？当高考前一天来临的时候，我突然发现，自己并不像之前想象的那样紧张慌乱，而是有一点儿期待，就像是训练已久的士兵终于有了经受检阅的机会。考试期间我还忘记戴眼镜，但是什么小插曲都没有扰乱我良好的心理状态。

对于团队。一个宿舍，一个班级，都可以算一个团队。我那时时常有一种你不是一个人在战斗，而是那种志同道合、四海相聚的感觉。我在考试前咳嗽，课间从外面回来，桌上的杯子里已经被倒了满满一杯温水；自主复习期间，我有不会的题，同桌家慧会非常耐心地讲给我。在我难过的时候，若颖会把一包零食悄悄放在我床上还会附一张便利贴……现在回忆起来还是很感动。多么幸运遇到这群人，老师与同学都那么善良，我不应该去辜负。

汪国真在《热爱生活》中写道："我不去想是否能够成功，既然选择了远方，便只顾风雨兼程。"我们留给世界的只有背影，留给青春的却是一段多么刻骨铭心回想起来就热泪盈眶的记忆。

高歌向前，高三绚烂

（杨麓宁）

高三的开学典礼上，赵颂学姐寄语我们："请记住，无论这一年你们经历什么，都要永远相信自己，坚定地走下去。"听到这句话后，我心中的畏惧增长，想象也漫无边际，但后来，事实证明一切担忧都是多余的，很多时候事情并没有你想的那么糟，自己的潜力才是真正难以想象的。下面我有几点心得与学弟学妹分享。

一、相信老师，在正确的时间做正确的事

高一学行走，高二学跑步，高三学飞翔。进入高三，文综积累本少了很多复制、粘贴和体系整理，更多的是专题总结、做题方法和思路梳理。当时的我回首高一、高二，悔恨自己浪费了无数时间做简单至极的无用功，认为如果早一点儿这样做成绩会比现在更好，但是后来我明白了，如果没有高一、高二近乎笨拙的积淀，根本无法驾驭高三从而进行各类总结升华。所以，跟着老师走，一步一个脚印，你终究会到达梦想的殿堂。

二、探索自己的节奏与方法，切忌盲从，要独立思考

高三我曾与班里的1号同学同桌一个月，她给自己布置的任务总是很离奇，如她会放弃整理文综积累本却花一个公自去翻看历史学案。出于学习目的而密切关注她的我陷入了迷茫与自我怀疑，那段时间状态极差，患得患失，公自总踏不下心。调桌后，我逐渐改掉了关注同桌的毛病，把自己想做的事不惜一切地完成，如把数学的一本总结放在宿舍，每天回去后看，用一周的时间看完。有任务没完成也无比正常，只要做过的有所收获就是胜利，谁都不可能面面俱到，只要让自己的堡垒尽量坚固，最后就可以胜出。这样的心态让我在自主复习期间杀伐决断，把盲点、漏洞大部分解决掉。

三、学会感恩，从中获得动力、净化内心

高三之所以让人一生回味，不只是因为当时不顾一切拼搏的自己，还因为陪在身边付出太多的老师。我高三的六位老师，每一位都克服了巨大困难，坚守在高考战场。静祎老师因病双腿几乎难以行走，一瘸一拐地写着板书；她的先生因为受伤暂时坐上轮椅，同样在讲台上苦苦支撑；班主任静丽老师从凌晨5点30分到深夜10点都守在学校，无法陪伴年幼的女儿，即使在她全身湿疹、从楼梯上摔下后，也仍然笑着出现在我们面前，用自己的负重前行撑起一班岁月静好。如此事迹不胜枚举。她们与我们的缘分只有一年，却为了我们的前程不顾一切，忍受病痛，委屈孩子；她们选择了这条陪伴与教诲的苦行路，用自己的双手把我们的未来高高托举。感恩这些风雨无阻的老师，她们的严格要求为我们除去前路多少艰辛！当你坚持不住想要放弃时，当你疲惫不堪神思倦怠时，当你考试失利意志低迷时，请抬头看看她们坚定的目光、鬓边的白发、眼角的皱纹。有师如此，不奋何堪！

高三是一条路，处处花开，盛景时时。请你不畏惧、不逃避，把高远的目标放在心底，用手中的笔创造出属于自己的传奇。

衡中，你是我的骄傲

（阴晓冰）

当高考最后一个科目铃声响起，12年的寒窗苦读画上了一个句号。走出奋斗3年的校园，没有想象中的欣喜若狂，没有预想中的如释重负，有的只是难以言表的空洞感和对衡中生活的怀念。15分钟可以做什么？或许有人说够吃一顿饭，如果吃得够快的话。15分钟，放到人生长河中是如此微不足道，小到可以忽视，但衡中的15分钟，足以使一个全身能量爆棚的衡中人跑进食堂，吃完饭后回到宿舍，洗完头，再来篇英语语法填空——这就是衡中速度。赛道上的运动员所要做的不过是跑过身边的对手，而我们要做的是跑过时间。郎平说女排精神不是要赢，而是明知道会输却依然坚持。对我们来说，与时间为敌的比赛或许是一场自不量力的较量，但也是我们走向成功的必由之径。

那凌晨5点40分的太阳见过我们奔跑的身影，那茵茵操场听过我们开运动会为同学的加油助威，那教室四壁曾印刻清晨的琅琅书声，那宿舍镜子曾照出我们头发凌乱但依然目光坚定。衡中的一草一木都记录着往届衡中学子的成长蜕变，在奋斗的年华里一切都显得如此充实。

奋斗路上，有甜也有苦，一张不理想的成绩单可能让你彻夜难眠，一句不经意的批评可能让你心中五味杂陈，一次不小心的摔倒扭伤可能让你觉得老天好像在跟你对着干。但是，梦想跌跌撞撞，怎能没有伤？路遥说，如果你还能感到绝望，那就说明你对生活还有希望。衡中的生活也是如此，绝望的深渊里也能开出希望的花来。因为，你拥有最精诚团结的同学、最专业的教师团队、最完备的习题训练，最重要的是，在衡中氛围的熏陶下你成为屡败屡战的自己——打不死的小强。尽管走下去吧，如果前路没有鲜花与掌声，那说明你已经走在了通往成功的路上。

又一届学生离开了衡中。校园里，5点40分的奔跑声依然响起，6点35分的饭菜依然飘香，高考的接力棒已然传到了下一届衡中人的手中。愿学弟学妹们以梦为马，毕业之际能说一声"我与苍天，两不相负"！

大步向前，我们终将站在更高的地方

（张雨琪）

我是从衡水市一个小县城走出来的学生，我们那里有一家小甜品店。有一次衡中放假，我回到县城的家已经是傍晚了。可能因为时间有些晚，我走到甜品店的门口，看到了与假期平时人少冷清不同的场景———一群男生女生在那里聚堆，嬉笑打闹。说他们是男生女生，因为他们还俨然一副学生模样，除了男生抽着烟、满身的文身、眼睛离不开手机，还有女生夸张的眼影、假睫毛、故作成熟的打扮。当时的我，头顶着一个星期没洗早已油腻腻的头发，身穿着好久未换的校服，穿过他们中间，仿佛是另一个世界的人。可当他们向我投来戏谑甚至有些嘲讽的目光时，我再次坚定自己的选择是正确的，那就是自己正在走的路是用奋斗去换取美好未来的路，是衡中追求卓越的路。

到底什么是成熟？是体会到自由与责任永远相伴相生，用自己的拼搏奋斗去赢得一个更美好的未来，还是自以为是的叛逆反抗不顾一切后果？他们所谓的以打架、恋爱为标识的青春或许我们早已以别样的方式经历了，就在无数个因为成绩不理想号啕大哭的夜晚，就在每一次为自己定下目标时的志气满满中，就在取得成绩后苦尽甘来的甜蜜中。

初中没想过自己会考上衡中，后来每天跑在衡中校园里……从六中的及格线迈到衡中的及格线，再从衡中普通班及格线挪到实验班及格线，这一路走得艰难也愉快。

其实每一年都难忘，每一天每一刻都值得铭记，可真的回忆起来，也只能说是细水长流。高三是现在印象最深刻的一段时间，虽然早就做好了在实验班摸爬滚打的准备，但当自己成绩一直垫底时还是心有不甘，总是想什么时候才能做闪闪发光的自己。现在想想当时的心态，嘴上说心比较大、比较乐观，实际上波动还是很大的。如果小测或者月考成绩不理想，我每天醒来跑到跑操地点的过程中想的都是我是不是不行，是不是本来就很差；如果成绩还可以，就会想自己也是可以的，可以做到很好。其实越到后期越发现，实验班同学之间差距真的没有那么大，你多了几个低错可能就到了班级后十名，你把会做的都做对也没觉得考得多好可能一下子就前二十名了。

我想说的是，希望你们时刻保持自信。成绩一直差导致自卑是难免的，但相信自己在知识掌握上并不比别人差，你更该思考的应该是学习习惯的问题。每天都很努力、很积极，如果还是成绩不好一定是自己有问题。我现在剖析那时的自己，一个很大的问题是完成任务太磨蹭，别人一小时完成的作业我即使非常认真做也要一个半小时，这在高三后期给自己造成极大困扰。我觉得这样的毛病要从刚上高中就努力改正，如果高考前你还没改正，那么就要学会舍弃，把每一分每一秒都用在对自己有用的事情上。比如，高三后期卷子满天飞，基本上没有整理的时间，可是整理数学错题对我非常重要，我不做新题也要做整理。还有我的问题是走神。可能不是长时间走神或者走神次数不多大家就不会在意，但我觉得这是我学习不好的重要原因。其实重点不在走神，重点是你早已养成了做事不认真马虎分心不能全神贯注的坏习惯。高三后期我一直在用21天养成好习惯来激励自己。

学习方法方面，我可提供的也不是很多，但受益匪浅的是睡觉前躺在床上的回忆时间，不只是晚上，中午也要做。一般这种时候我不太喜欢回忆死背的内容，因为记不住就很难往下进行，我回忆的是数学、地理以及历史的答题思路，就是把你在积累本上整理的思路再认真过一遍，加深印象。对于文综背书，真的很重要，这个重要不是说高考会考到多少基础知识，而是来自内心对基础知识已经掌握的满满自信，而不是一见到基础题就惊慌失措。

我非常喜欢的一句话是"希望你站在更高的地方，与优秀的人比肩"。衡中在我心中是神圣的存在，它让我站在更高的地方，见到许许多多优秀的人，因此自己也想变得更加优秀。

这是我的一些感悟，也是满满的回忆。毕业典礼那天给以前衡中毕业的学姐发了直播图片，学姐回了句："这是人生中最美好的时光。"

未来还长，还在上高中的你们何其幸运，还有时间感受青春，用自己的奋斗改变人生。不求每天热血沸腾，但求静水流深，来日方长。

愿你们努力；愿你们付出甘之如饴，收获满心欢喜；愿你们高考归来，仍是如初翩翩少年。

不念往昔，不惧未来

（郭苡凝）

回忆起我的高三一年，百感交集。

高三，我从普通班进入了实验班。常言道"宁做鸡头，不做凤尾"，我真实感受到了凤尾是什么感觉。之前的自信慢慢被消磨，对未来的渴望也没有那么坚定了，只想逃避，但逃避是不可能的。因为我在普通班养成的许多习惯，又遇到了一位严苛的班主任，我的高三一年就是在不断挨说、不断改正中度过的。说实话，真的很难受。在以前的班级，老师们都捧着我，也不怎么管我，我的成绩也不错。但是到了高三，感觉一切都变了，教我的都是不熟悉的老师，与我相处的也不是熟悉的同学，节奏突然加快，铺天盖地的作业，老师的批评，不想让爸妈担心，没有人可以倾诉……一度处在崩溃的边缘，我选择自己承受，我相信自己，相信我的能力从来不比别人差，相信就算是在实验班我也可以很突出，当然也很感谢班主任营造的那种一直在奋发冲锋的学习状态，让我只要进入班级就没心思难过，只想着如何提高。最终我适应了这样的生活，并且为这种充实的忙碌感到开心。这样的生活，离开学校我大概再也不会体验到啦，学弟学妹们要珍惜！

所以，我想告诉大家的第一点，高三最重要的是心态，是你自己的想法。如果你真的沉浸于紧张的学习中，你根本没有时间想别的。而且，我觉得很重要的一点是，不要太在意成绩，不管是小测还是调研。我一开始特别在意老师课堂会念小测成绩，觉得丢人，做作业反而成为一种最大的负担，尤其不敢做选择题，特别怕出错，怕错误太多第二天被点名。认真想来，其实这根本不算什么，你做得好或差最重要的是检测你自己的成绩，事实上并没有人会记住你做得多差并因此看不起你。别太在意面子，自己学到是最重要的。还有调研考试，也不要太在意。到了高三后期你会明白，频繁的考试让一切都变得很平常，而且一次考试真的不能说明什么。经历过高考，我认为考试其实不过是几张卷子，它不可能考查完你高中三年学到的所有知识，考到的只是一些知识点，因此总有盲点，因此不必因平时的一次考试就否定或肯定自己。高考也是如此。第二点，永远不放弃。我们班在高考前一天的晚上仍然在讨论问题，紧张复习，在最后一刻仍然保持原来的状态，甚至更好，这就是坚持。第三点，坚定信念。理想大学的目标真的可以给你力量，如果你现在还没有感受到力量，这也正常，毕竟10天、5天的时间对于高三学生也可以翻盘，因此300多天你根本紧张不起来这也很正常。但是，你需要确定的是你要报考的大学是否是你一定要上、非常想上的那一所，只有这样的学校才能给你足够拼搏的力量，这力量可以在高三后期支撑起那段很难的时光。我把自己的目标大学贴在桌子上，每次看到真的热血沸腾，这就是力量。

我很喜欢看电子竞技，我最喜欢的队伍在2018年从不被看好到成为最大的黑马，拿到世界冠军。令我印象最深刻的是有一年春季赛，他们在最后只剩20残血的时候逆风翻盘，扭转败势，赢下比赛。我觉得这是一种精神，哪怕马上就会输，但是不停止地努力，还有赢的可能。只要不放弃，拥有强大的心态和自信，最后一定可以反败为胜。这种精神也支撑了我高三的最后一段日子，现在将希望传递给所有学弟学妹，愿你们心怀梦想，不放弃自己，用一年的拼搏换未来可期。加油！

最后感谢我的班主任马静丽老师，感谢722班所有始终付出的任课老师，感谢所有的同学！

青春不可辜负

（高宇珊）

3年前，一位考入港校的学长曾这样概括自己的衡中三年："3年风雨路，一步一生莲。"

回望自己的衡中三年，虽非步步生莲，亦有风雨琳琅。几多感慨，凝于笔端，挥毫落墨，亦望后来者有所裨益。

高中三年，收获最大的，是心灵的强大，是屡败屡战的坚强，是触底反弹的坚忍，是面对挫折失败的坦然。高三一年成绩起伏最大，可慰的是跌至谷底后仍能东山再起，遍体鳞伤后仍能卷土重来。

人生如行路，难免荆棘坎坷，难免歧路彷徨，努力未必成功，但至少不会让你败得太惨。回首岁月，能无憾便好，诚如新时代的领路人所言，"现在青春是用来奋斗的，将来青春是用来回忆的"。将来回忆起星月下从教学楼到宿舍的奔跑，回忆起等待跑操时在操场上的诵读不辍，不免感慨：纵前路迢迢，天寒马亡，我曾挥汗如雨；岁月如梭，我亦不负韶光。

如果你是一粒种子，你渴望美好，渴望世界温暖，那么，请你蛰伏于泥土之中，等待着破壳的美丽。我相信如果河流安于现状，那么它只能成为一潭死水；如果鹰守着眼前的安乐窝，又怎能有搏击长空的震撼！

每个人都有独特的、独一无二的青春路，可能洒满汗水，又或者充满安逸，但对我来说，我的青春只有一次。生命短暂，理想的彼岸迢迢，奋斗是到达心中远方的唯一捷径。"幸运儿不是我，因为我选择的路很难走。"因为有信仰方选择了山回路转，不踏破铁鞋怎能显现朝圣者的赤诚？砥砺前行，也许遭遇冷眼和嘲笑、不解和鄙弃，可"用力活着用力爱哪怕肝脑涂地，不求任何人满意只要对得起自己"，唯有以奋斗提高实力，方有坚持自我的资本。

薄伽丘说过："人生的悲痛莫过于辜负青春。""不经历地狱的磨灭，怎会有创造天堂的力量，只有流血的手指才能弹出世间的绝唱。"也许只有当我们哭过、奋斗过、失望过、振作过，青春才能展现出它无比耀眼的光彩。

清代词家张惠言曾慨:"晓来风,夜来雨,晚来烟。是他酿就春色,又断送流年。"愿你与理想在红尘间步步相随,于苍茫天地间流浪半生,归来仍是如初少年。

当我们再谈高三时，我们在说什么

（李想）

不认识我的学弟学妹，你们好！

高三之前的我无法想象，会有这样一天，我会认真地思考文章里的标点（因为早就习惯一逗到底），高三给我的当头一棒就是敬畏。在你们奋斗的旅程中，你们一定听过"敬畏"这个词，或许你们心里不屑一顾，但我希望你们可以试着改变，强迫把"规则"深深地刻在骨血里，相信每一次收拾床铺和每一次认真会悄悄决定你的一生。要敬畏老师——你的经验、你的所谓"我一直是这样"、你"过去的辉煌"都将在有着丰富高考经验的高三老师团队面前显得渺小。

你们可能以为我现在要讲故事了，不，我不打算告诉你们，当你真正明白"相信"那一刻，才是真正高三的开始。

相信自己。衡中的高三与别的学校不同，它不缺吃、不缺觉，尤其不缺考试和眼泪，再美丽的学号也没有安枕无忧的时刻，为过去而窃喜和为现在而哭泣交织相融。老师常说不要把高三活成心情晴雨表，但大家以及过去每一届的人都是在各种心情交织中度过这一年的。冷眼看成绩是理想状态下学神的特殊技能，对于每一匹黑马的我们，要想的、要做的不是假装不屑一顾，不是陷入颓废里，而是从这种心情中得到了什么，为未来准备了什么营养，而不是埋下了什么雷。

如果你现在正得意地从领奖台上走下，你手中的奖杯还留有荣耀的温度，要小心——请在心里默念，请相信你的未来远比现在更美好，而这需要面对成功时充满渴望、自信、敬畏，而不是溺于未来的空想。

空想是高三的敌人。它或许是你过去十几年的玩伴，陪你度过无数夜晚，但虚无不能填满你的梦，甚至不能减缓不安。如果你在睡前有自己想玩想看的游戏、电视剧等，请尽快停下，把它换成一日课程回顾吧。这个有些枯燥、极其容易走神的睡前活动将成为你进步的开始。如果空想呈蔓延之势，此时最好反思自由时间的利用。要知道有舍才有得，有用的事往往不那么令人生的beginner们着迷。要想取得高考的成功，代价是放弃你过去最喜欢做的事情，除非你最爱的是学习。意外之喜是不会发生在你身上的，游戏更是会将你引向虚无，可选择的只有现在，唯此刻的选择有能力映射未来。

我很久之前就想写点儿什么，可能是道别信，也可能是感谢信，我想着给你们留下什么才更有价值。我的初中和大家的应该不大一样，怎么说呢，就是身边没人好好学习，除了初一的我自己。那是真正为学习痴迷的一段时间，我还记得班主任说在初一的我身上看到她高三的样子，难以想象吗？我初二时因为初一的我而备受白眼并大改前"非"，现在我会怎么评价我的初一呢？它是干净的、纯粹的、忘记外在的，最重要的是快乐的。青春不是青春剧，游戏人生绝对不快乐，奋斗绝对不只是为了未来的幸福，那也是当下的幸福。你不需要把高中活成时尚杂志，不要为相貌、体重、穿着而浪费宝贵的脑细胞和时间。你要知道，在走向完美的过程中，每一阶段的任务是不一样的。你现在的任务是要丰富你的头脑，为大学打下足够的基础和底气，为下一次起跳准备令人满意的跳板。你不需要把最干净精致的脸留给高三同学们，能在高三载入"青史"的是你努力的样子和不遗憾的结局。

你要成为多好的人？你要过上怎样的日子？你要拥有怎样的梦想？你想遇见什么样的人？你要夜夜抱着怎样的期待迎接朝阳？

一切在你，一切在当下。

心之所向，素履以往

（耿思茵）

一、关于心态

从初中到高中，我一直认为自己不是心态特别强大的人，但经历高三一年烈火般的淬炼，我觉得对自己心态的掌控和调节能力有了很大的进步，仔细想想改变大概从自信、处理压力、静心专注几个最明显的方面发生。

首先是自信。我记得班主任曾说逆境中的自信才是真正的自信，高三这一年让我明白不是因为完美到无懈可击而自信，而是在不完美中不停地接近完美才自信；也让我清醒地认识到自信是有限度地无条件相信自己，是果断撸起袖子大干一场的无畏。从高三上学期五调我的成绩便开始坠落徘徊在班级二三十名不见起色，在漫长的暗无天日的蛰伏中我也曾失落失望，也曾满怀期待和希望，直到下学期的模考左右才重回前列。其间我的心态有很大变化，没有了对自己能力、状态、方法的怀疑犹豫，没有了对他人安慰鼓励的自我开脱，没有了考试前、中、后对成绩患得患失的猜测臆想，没有了抱着希望过活的空头支票，踏实付出后成绩就有变化。所以，在面对糟糕的不如意的成绩时，无须无助式麻木，无须瞻前顾后思想包袱沉重，在合适的限度里相信自己，既不自甘落败，也不过分乐观，以解决问题的思路对症下药来得更有效果。

其次是处理压力的方式。我的独门秘籍（也许并不具有普适性）是对自己要求更高一点儿、更狠一点儿。"狠"字头上加一点你就是"狼"，但很多人都觉得对自己狠一点儿像惩罚一样而不敢、不忍心对自己狠，其实我从不觉得对自己严格要求是和自己过意不去。每次在心里给自己设立更高的要求时我都会有一种热血沸腾的兴奋和机会降临的幸运感觉，尤其在当我承受压力时，它能让我的注意力不再停留在严峻艰巨上转而变为跃跃欲试，同时也让我对自己不够优秀、存有遗憾、尚不满意的内心舒服好受一些。我翻看自己写过的反思，在高三上学期二调我第一次考进年级前十名后我这样写下：

113

"我不想让自己成为昙花一现的惊艳，我深感压力巨大，但越是危机就越是机会，让暴风雨来得更猛烈些吧。我承认自己还欠缺很多，但这全是希望的前奏。"之后在这样的心态下我扛住了压力。

最后谈谈静心专注。初经高三尤其前一学期总是因为各种各样的情况扰乱情绪、思绪，结果往往是不专注、浮躁混乱甚至茫然无措。有时候是一次小测没做好，有时候又是计划的事做不完，有时候是突发重要的事着急去做，有时候还不停地和身边同学对比，有时候又在时间效率和收获的权衡中迷失……其实看淡这些无谓的东西才能让自己无畏。心思专注很重要，心思沉稳很重要。即使情况变动不按预期，也应该告诉自己"没关系""别在意"，什么事也别影响学习；即使同学之间有差异，也应该做好自己，不要活在别人的眼睛里，掌握自己的问题，找准自己的节奏；即使时间有限，也应该少些功利化心态，有益有成效的事积蓄起来就是一笔财富。

二、关于目标

目标是一个人的使命感，更是一个人潜力的触发点。对目标的设定，我觉得要有野心，要走出自己的舒适区。高一的时候我的班主任曾告诫我要有更大的野心，尤其像我这样的本地孩子可能以为考上衡中就万事大吉了，但其实衡中不是保险箱，站在衡中的高平台上应该有更广阔的追求，理想不能低配。对于目标的落实，要做好可操作性的规划，要做好打持久战的准备。人生其实环环相扣，有时候并不是努力没有结果，只是结果来得没有那么快而已。在追逐目标的征程中，竭尽全力的同时不忘记借力互助，快马加鞭的同时不忘记思考研究，你就会拼出一条路。我一直深信，你坚持的总有一天会反过来拥抱你。高三一整年我们班级都雷打不动地执行着每日同学寄语分享，黑板一角的话语换了又换，可有那么几句我至今记忆犹新。比如，"十年饮冰，难凉热血""哪有年少多感伤，一心向南墙""即使不能奔跑，即使还要匍匐，也要一厘米一厘米前行"。这些话总能给我坚持目标、立即行动的动力。所以，时常提醒自己向着心中的目标，昂扬斗志，才能不忘初衷，善始善终。

三、关于感恩

高三这一年，感恩的对象有太多太多。身边朝夕相伴的同学总能用一个眼神、一句知心话为我驱散阴霾，身边敬业奉献的老师总能及时排疑解惑让我豁然开朗、柳暗花明。除此之外，食堂打饭的叔叔阿姨"你负责金榜题名，我负责饭菜飘香"的竭诚服务；楼管爷爷奶奶在你快要晚归时的提醒，在你考后狼藉处的默默清理……我不会忘记晨光熹微、雾气朦胧中校长在操场上守候的身影，我不会忘记老班忍受难挨的病痛和难言的压力对我们说出"我陪你们拼"的决心，我不会忘记在不知名的角落点亮灯塔为莘莘学子护航的每一个用心人。没有任何得到可以心安理得、理所当然，真诚地说一句迟到的"谢谢"！

回想初入衡中备受名次打击的玻璃心，到高二成人礼坦荡写下"有一颗既坚硬又高贵还纯粹的钻石心"，如今盛夏正浓，在徐徐不散的酷暑中我想我可以从容地说出我和我的战友们都有一颗从烈火中炼造的金子般的闪闪发光的心。而这正是衡中的魅力所在。这一年，我们在书本试卷中依然心流清澈水，眼开明净花；这一年，我们配得上所有坎坷逆流，珍藏不可复制的绝版勋章；这一年，我们经历充实性虚脱却依然咬牙走的坚定；这一年，我们野草一样顽强旁若无人地拔节生长吞吐炽热的梦想；这一年，我们忍受着太多撑着不后退却也享受着很多乐此不疲；这一年，我们每个人都是overcomer！没有任何一种状态比勤奋努力更让我们理直气壮……当你如我这般回想起高三过往，我想最安心的莫过于曾选择了纯粹的通透坚定和无悔的执着求索。

只为那无悔的青春

（陈博宇）

"What doesn't kill me makes me stronger." 这句话大概是对我和像我一样的衡中高三学生这一年来生活的最好形容。

这一年在人的一生占不到1%的长度，但它对一生的重要性可以达到50%甚至更多。之前看到有同学为没写完的假期作业担忧，也有人为逃过检查而沾沾自喜，我都会感到悲哀。我们向来不缺奋斗的理由——奋斗与国家、民族复兴联系在一起，那是宏观上的说法；再往微观上看，或者说往根本上找，最终受益者是自己。弄清这一点，对自己过去犯的错误就应该哭而不是笑；给自己的努力赋予一个意义，就不会感到没有方向、没有动力，就永远也不会放纵自己，也不会遇到困难一打就垮。

衡中追求卓越的校训不是说说而已，是衡中人用行动证明的。5点40分起床，8分钟之内大部分人就已经到操场了；做什么事几乎都跑，永远慢不下来；5分钟吃完饭……外界把这叫做"被压迫"，可经历过的人才会懂得，这是由内而外的动力，是持之以恒的对梦想的追求。毕竟，我们懂得不能用一辈子卑微来换取一年安逸。

困难是有的，而且很多。刚上高三我们就连续落后于对子班，打击之大不必多说，但没有人认命，没有人觉得我们应该落后于人，于是我们不断努力，实现了反超。越挫越勇是我们的精神坐标。

比困难更刻骨铭心的是大家庭的温情，陪伴是最长情的告白。看上去严肃的班主任会在很早的时候就到操场迎接大家，然后等大家睡了之后才回家陪伴她的女儿，尽可能地给大家力量；同学们会相互打趣缓解压力，遇到困难时互相鼓励；食堂师傅们每天做可口的饭菜，养刁了我们的嘴。我早晨吃的饭比较固定，以至于卖饭的阿姨都认识我了。为了节省我的时间，阿姨看见我从楼梯口跑过来就先给我盛上饭算好钱，我到了只需要刷卡，然后端饭开吃就可以。阿姨还经常劝我多吃蔬菜补充维生素，让我感觉到温暖。高三这一年我从来没有真正感觉压抑，即使高考那两天也是如此。

高三这一年真的很充实，是我一辈子的财富。青春是用来奋斗的，不论结果怎样，我们奋斗了，所以我们无悔。

高歌猛进，自信前行

（孙崇迅）

　　高三一年仿佛白驹过隙，忽然而已，但走过高三内心得到了极大的满足，感到无比丰盈。学法方面，我觉得每个人都需要在自己的学习实践中不断摸索，要根据自己的实际来谈，所以今天我不谈学法，谈心态。

　　众所周知，衡中不同于其他高中，能来这个地方的同学都有着强大的实力，因而身处衡中，我们既没有资格自傲自大，也无须妄自菲薄、庸人自扰。这是最基本的认识。衡中人常说"衡中不缺乏奇迹"，尤其是在高三你永远不知道黑马的潜力有多大、实力有多强，所以无论什么时候"绝不放弃"将是永远的箴言，而我自己就是这句话的忠实信徒。高二那年，我的成绩只是文科的四五百名，在实验班只有垫底的份儿。到了高三，复习生的加入使我的成绩甚至滑落到600多名，这个阶段我遇到了前所未有的心理问题，仿佛有一双手把我死死地按在水中动弹不得，我很清楚，这双手的名字叫自卑，但我一直坚信自己并不懈努力，最终在高三上学期有了很大的转机，成绩一步一步迈上新的台阶。在这个世界上有很多人是快热型，一路高歌猛进，势如破竹，但也有许多人是慢热型，厚积薄发，后来者居上，所以请坚信挫折与失败不过是在为你铺就成功的道路，不管你经历过多少低谷，你的低谷期有多长，你能做的最正确的事就是相信自己并不懈奋斗！

　　很多时候我们知道该如何去做，但在心态上很难做到，我们对于许多问题认识不清，这时候我们就需要借助外力。对我来说，我遇到了高中生涯的贵人，也就是高三班主任马静丽老师。高三那年我无数次找她解决心理问题，从而把自己从泥潭中拔出来，有了自信。我十分感激她在我身上倾注的精力与时间。或许许多同学更愿意找父母或同学倾诉，但我认为衡中老师是陪伴我们时间最长、对我们最了解而且能够以成年人的高度给我们指导并帮我们解决问题的最好人选，我相信每一位衡中老师都会十分善良地倾听并提出建议。

　　高三一年我们会感到痛苦有时甚至是绝望，但我们收获的是成长。没有一个人的成长是一帆风顺的，所以如果现在的你经历低谷或者经历绝望，我希望你能坚持并且相信自己，不要放低标准，要努力寻找办法摆脱现状。学习是一件纯粹的事，不允许胡思乱想，哪怕是焦虑、自卑。要纯粹一些再纯粹一些，心中除了梦想再无他物，并不懈奋斗，这样每个人都会成为黑马，都会迈进梦想大学的校门。

问心无愧，方能无悔

（刘佳琦）

握着沉甸甸的接力棒，你们的肩上承载的不仅仅是个人的命运、个人的得失，而是更深、更重的责任感与使命感，承载着父母、老师以及母校的希望！

对高三来说，高效是成功的保证，要学会提高自己的专注度。学习是一个水滴石穿的过程，但它的前提是每一滴水都打在同一个点上。高三一定要列好计划：每天早上都提醒自己老师讲的每一节课都要全神贯注地去听，每一次作业即使做不完也要尽力去写，每一节自习课必须按照计划高效地完成。当你这样做之后，每当发现自己的某项做得并不完美，会有一种罪恶感油然而生，但是千万不要将这种情绪带到下一节课中，下一节课依然应该以最饱满的热情投入，不要让一节课破坏了一天的状态。

高三是硝烟弥漫、群雄逐鹿的战场，每次调研考试、期考都会有数不清的黑马涌出，文综合卷让成绩更加不稳定。一沓沓厚厚的积累本，一本本被圈画得面目全非的笔记……现在我还会为自己3年来所有周日都还保持5点40分起床的习惯而叹息，为自己付出的一次次艰辛而感慨，但正如陈梦格学姐所言"辛苦的人不会心苦"。已然呕心沥血，自然问心无愧。

再就是要让自己变得简单。当感到郁闷时，要学会放空自己，完全沉浸在学习中，什么都是过眼云烟。衡中是一个十分纯粹的地方，一群人聚集在一起，为了一个共同的目标一起努力是一件十分幸福的事，这里的学生每天都过着一种简单而不单调的生活。也许现在的你们会觉得很苦，但以后的你们一定会认为这才是高中应有的状态。高考并不是快快乐乐、热热闹闹就能通过的，面对高考你要做好体会孤独的准备，一切杂念都应抛在脑后，让自己成为一个简单的人，会发现生活轻松很多。

合作在学习中更是必不可少。在时间紧迫的情况下，花上几分钟问同学会比自己花上半小时冥思苦想收获更大，在思维碰撞中，可以收获很多解题的巧妙方法。

最后要相信自己。最后关头往往是提升最快的时候，不到最后一刻尘埃落定时一切不成定局。大家应该都有一种霸气，它是发自内心的骨气，如果你很想赢，那就必须有觉悟付出相应的努力。加油！

走得铿锵，活得漂亮

（李萌）

于我而言，高三一年是一个不断挑战自己的过程：不会做表格PPT、办事低能却接受了团支书的职位，不善表达却主动讲英语自助，体育是弱项却在一番挣扎后勇敢地参加了运动会的跳远项目，不喜欢参加任何活动却主动报名去清北，说话慢吞吞却在老班的要求下一次又一次挑战语速，不喜欢和老师交流却用高考前最后一段时间问了比过去3年加起来都多的问题，不擅长应付意外的状况却在一次次意料外的成绩打击后重新站起来……本以为是再普通、再自然不过的高三生活，回首望去，原来我已经走了这么远。

从前我不能理解，按部就班的学习生活、无可奈何地被动付出如何就能成为回想起来热泪盈眶的奋斗史，直到这段宝贵的时间结束，我才明白高三真的能改变一个人，也许只是于毫末之处。真正回想起来让人热泪盈眶的，不是"奋斗"这个空洞的词，也不是别人眼里的"苦"，而是原来我也曾为改变命运这样努力地改变那个不完美的自己。

从这个意义上讲，高三不只是一个终极的备考过程，也是一个寻找自己的过程。我从来没有哪一天活得像去清北那天一样通透。我不记得学长学姐们告诉我该怎么学数学、怎么学文综，最终留在我心中的所有的感受就是我渴望着像清北这样的平台，渴望着能和这样的人比肩而立，渴望着这样一个光明的未来。那一天的旅程，好像让我找到了自己。

当年还在上高二的我，看着穿着校服在校园里匆匆奔跑的学长学姐们，心中不由得有些紧张，我不知道他们如何顶着那样大的压力度过临近高考的每一天。当高三的我和他们经历着一样的事情时，我却心情释然——真正跑在追梦的路上，便不会在意路上是否荆棘密布。高考必然降临，只要走向它的每一步都步伐稳健铿锵，便会在它来临的时候笑着欢迎。

高三时我曾问过毕业的学姐们"坐在高考考场上时是什么感觉"，答案无一不是淡定与从容，那不是大局已定的无奈，而是对以往积淀的自信，是与苍天两不相欠的豪情。我深知那时的我无论如何都无法达到那种境界，光是想一想高考都觉得有些害怕，所谓水到渠成，并非上天安排，也不是到一个时间点就有相应的收获，而是自己拿着斧凿，亲自在绝壁上开出一条渠来，一厘米都不能少，如此才有清泉流过。

我不敢说以后会不会再有这样不顾一切纯粹的追求，但高考的意义不仅是制造这样一种热泪盈眶的回忆，更是给予我们无论狂风骤雨都能拥有的再次奔跑的勇气。

高考已去，激情永存。

在烈火中涅槃

（王雨桐）

高三最大的感觉是一场蜕变，正如文章题目所言，高三是一场烈火，而我们在其中涅槃。

起初，我对每次成绩都很在乎，经常因一次成绩的失意低沉很久，也会因一次成绩的得意而沾沾自喜，因此，我的成绩陷入了不断的起伏之中。随着高三一次又一次的周考、周中考、调考、模拟考轮番"轰炸"后，我渐渐习惯了考试，渐渐把考试置于检测而非成绩和分数的位置，渐渐学会了宠辱不惊。未来人生道路何尝不是一次次考验，感谢高三，让我坦然面对。

说实话，高三一年我情绪崩溃过很多次，因为成绩，因为压力，因为未来……很感谢老师们不嫌弃我"死皮赖脸"的哭诉，一点一点帮我疏导，帮我分析问题，让我发泄情绪。在一次次打击后，我学会了调控情绪，学会了坦然面对最好和最坏。

记得学长说过一句话："祈求一切如愿以偿，接受一切阴错阳差。"高三这一年真真切切体会到了这句话的内涵，没什么是顺心如意的，但也没什么是过不去的。学会坦然面对一切，这便是高三给我的最好礼物。

高三给了我坚强与执着。这一年身体一直出问题，从胃病到后期气血两亏整天头晕，可是无论怎样，我依旧愿意笑着去面对高三，接受挑战。我很喜欢跑操的时候拼命喊出口号，那种让人热血沸腾的感觉一生难忘。多少次，在拼命喊口号的时候热泪盈眶，不知是为自己感动还是为一个集体感动。也正是在这样一个极具凝聚力、永不言弃的团队，我才有更大的力量去奔跑，为了我的梦。

到了后期，我的状态渐渐回升，我也体会到高效的重要性。在自主复习之前，我总共做了5份计划。为了合理规划和提高效率，我一点一点打磨计划以求高效。事实证明，这份历经多次打磨的计划对我帮助很大，在很多人为第二套文综手忙脚乱时，我已经游刃有余复习课本了。刚开始的几天，班主任虽然没收计划表，可是我坚持每天最后5分钟雷打不动做小计划。在大计划与小计划里，我提高了很多效率。

真正高考那天，真的没什么感觉，我很平静，甚至比模拟考试还要平静，又很兴奋，很期待。其实，高考的感觉挺棒的，要享受高考。

很有幸遇见我的722班，我们一直在向上，一直在奔跑，我和722班在一起成长，一起在烈火中涅槃。

青春不再迷茫

（孙子尧）

曾以为青春就是一路向北，向北，路上留下希望或是伤口。

总是要等到桃花开了才相信春天来了，总是要在暑假开始后才确信已经是夏天了，总是要等到树叶落完才蓦然发觉秋天到了，总是要在初雪之后才感叹冬天竟来得这么快，而我们直到被玫瑰般的青春刺痛后才领悟，青春已无声无息地来了。

青春是四季中的春天，有着含苞待放的花蕾。我们可能讨厌父母的唠叨，开始喜欢躺在草地上羡慕蓝天下自由飘荡的云，始终认为自己是被禁锢的、束缚的。殊不知，在这青春飞扬的季节里，我们本该有足够的理由与精力投入奋斗，3年的风风雨雨，会使我们迎来最终的盛放。

青春激荡时，总以为自己懂得了人生、看透了世间，或许那只是我们幼稚的心灵幻想出来的。对于饱经风霜的爷爷奶奶来讲，我们只是那刚露出尖尖角的荷花，真正的辉煌还没有绽放，看到的一些对生命的理解也许只能明白其表意。我想，这大概要等到一个人即将走完一生时才能深有体会吧！

高三这一年，我们真的经历了太多，或者是突破历史最佳的狂喜，又或者是跌入谷底的痛苦与迷茫，但所有这一切都只是我们通向未来路途中的一道风景，无须占据过多的注意，或者说不要被分散精力。我清楚地记得，在我高三后期突破3年来最佳之后，虽知道不能看得过重，但还是没能完全摆正心态，接下来立刻就是历史最低。不以物喜，实在应时刻谨记。

此外，合作是我们高三的制胜之道。你身边的同学，一定意义上将是你最终的竞争者，但在高三的征程中，一起笑，一起哭，我们彼此依偎，同袍之谊胜于功利的一切。当然，有些路，终将一个人走；有些等待，终将成为远行。我们总像在孤独的桥梁上寻找明天，却忍不住一次次回首。殊不知冬雪融化了就应该迎接春天，桃花凋零了就应该迎接夏天，莲子成熟了就应该迎接秋天，麦穗金黄了应该又是一轮春夏秋冬。有时候等待是因为舍不得已经付出的，而365天每天都有一个期盼，有一天果子成熟了，我们也将长大。

时间不会停止，青春还是一路向北并且最终消失在看不见的远方，我们没法让它停下来，只有奔跑，奔向自己的远方。

我与高三的爱恨情仇

（王岭恬）

著名作家柳青曾经说"人生的路虽然漫长，但关键处只有几步"，高三就是这其中的关键一步。回想我的高三这一年，欢笑与泪水交织，成长与痛苦相伴，谨在此写下一些心中感悟，望能对学弟学妹们有所帮助。

初入高三，要培养适应力。都说万事开头难，无论学霸还是学渣，刚进入高三都会感受到沉重的课业负担，谁抓好了开头这一步，最快地适应高三节奏，谁就赢在了起跑线上。

拼搏高三，要有坚持力。高考是一场没有硝烟的战斗，每个人都在战壕里摸爬滚打，期待着胜利的号角吹响，但追求的过程中总有不如意。排名落后的沮丧，多次退步的打击，都可能会让我们原本的信念动摇，而高三磨炼出的宝贵品质之一，就是越挫越勇的毅力和永不放弃的精神。

无悔高三，要有吃苦力。酷暑难耐的夏季，即便大汗淋漓，也要跑出拼命的速度；寒风刺骨的冬三月，即便手指发僵，握住的笔依然要铿锵有力。渐渐习惯了在天朦胧时起床奔向操场，习惯了在一楼最近的餐口打饭只为以最快的速度回到教室，习惯了每天面对着写不完的作业、学案、自助、积累本，习惯了一次又一次的考试、排名和反思。曾以为衡中是"人间炼狱"，却在高三一年的摸爬滚打里收获了充实感和成就感，学会了苦中作乐，锤炼了忍耐和吃苦的品质。

圆梦高三，要有自信心。很多人在高三的这一年会出现心态的起起伏伏，这很正常，也是必然。学会调整好自己的心态，对平时的学习和考试大有裨益。很多学生不是没有能力，而是让不好的心态牵绊了前进的脚步。其实放开看，周测、调考、模考的成绩会反映你一段时间的学习状态，但它们与高考成绩都是零相关。为了几次成绩的不理想而自怨自艾，除了浪费自己补救短板的时间和分散注意力从而降低学习效率，根本没有任何用处。你给生活意境，生活才能给你风景；你风声鹤唳，生活也只好四面楚歌。要有坚信自己即使是班里最后一名高考仍能考出理想成绩的坚定信念，不要总是活在别人的眼睛里、别人的评价中，学会相信自己、珍爱自己，高考才会对你温柔以待。

最后，还想提一点，就是集体的力量。要感恩自己的老师，感恩自己所在的班级，没有每一位老师和同学的耐心陪伴，就没有坚持到底的自己。一起跑操，一起听课，一起考试，一起并肩作战，一起哭过、笑过、疯过、闹过、奋斗过、拼搏过，那些鼓励的眼神、亲切的话语、有力的拥抱都化作激励你前进的动力，助你在高三这一年一路向前。

汪国真在诗集《我喜欢出发》中写道："人能走多远，这话不是要问双脚，而是要问志向；人能攀多高，这事不是要问双手，而是要问意志。世上有不绝的风景，我有不老的心情。"愿所有学弟学妹都能在高三这一年中，培养自己的思想力和执行力，用汗水和智慧追寻属于自己的诗和远方！

一切都是最好的安排

（李凯）

回顾审视自己的高中三年，特别是高三这一年，心里有许多感慨，心情很复杂，加上高考后的这一段时间经历了一些事，自己也思考了一些事情，现在选择"奋斗激励"这一主题来谈谈自己的感受。

"一个人总是要有些梦想的"

这里的梦想是广义上的，是一个人对自己人生阶段性的规划。说真的，我从初中到高中不是像很多人那样把衡中当成自己的唯一目标——我在初中的条件不是很好，来到衡中也是因为中考成绩说得过去，但到了衡中我才发现梦想的重要性。在衡中，当看到别人喊出、写下自己的梦想时，我内心很惭愧，甚至有些时候无地自容（一点儿都不夸张）。在衡中大大小小的考试数不胜数，若是没有梦想，一个人很容易为取得的成就沾沾自喜，也很容易因一次甚至连续几次的失败而放弃，这时候你就要想想自己的梦想，就像七堇年所说"要有朴素的生活与最遥远的梦想，即使明日天寒地冻，路远马亡"，千万不要因为自己的成绩差而否定自己，没有人会嘲笑你的梦想，人们只会嘲笑你与之不匹配的行动。

"绝不放弃"

这是在自主复习期间对我影响很大的词语。高三一年很多次的成绩不理想，跟自己没有坚持到底有关，在一次或多次的失败面前后悔、沮丧甚至屈服，现在回想有些可笑。其实，任何时候一个人都要以积极的心态去面对发生的事情，因为你的矫情一文不值。不可否认，一个人总会有失意、难受的时候，这时必要的沮丧可以有，因为没有人的心如玄铁般刀枪不入，但沮丧以后的行动更为重要，没有人替你成长。若是一个人不经历挫折，那他就无法变得强大。

"不要试图走捷径，努力是最好的捷径"

曾经我也抱怨过衡中的苦，但我也明白若是自己没有努力进入衡中，那么连抱怨的资格都没有。确实，努力不一定会有好的结果，但是如果不努力就一定不会有好结果，哪怕有一次意外惊喜，那也不会是长久的，因为最好的结果都是奋斗出来的，而且现在想想以前认为的苦都是福。老班在班会上曾说"苦是人生的本色，少不勤苦，老必艰辛"，现在想来，自己以前真的是身在福中不知福。衡中三年真的是难忘的记忆，每一次经历都刻骨铭心。我们只管努力好了，因为那些美好的人与事都已为我们安排好，都在我们努力奋斗的路上。这条路也许荆棘密布甚至狂风暴雨，但不要走捷径，请记住人间正道是沧桑，当无路可走的时候，怎么走都是路。

"谁笑到最后谁笑得最好"

我不确定我能不能阐释这句话的真正含义，因为高中三年的最后就是高考，但我知道高考绝不是人生的最后，相反正是人生的开始。高中三年不要因小得小失而或喜或悲，因为每一次结果都可找到你所种下的因。我也希望你们对发生的事情以积极的心态面对，漫漫人生路，一切都是最好的安排。

以下是参加毕业典礼后的想法：三年衡中路，一生衡中人；三年衡中人，一生衡中情。也许我们会在衡中的时候抱怨衡中，但是一旦离别就会发现衡中是我们最不想放下的记忆。在这里我们见过彼此最痛苦、最快乐的样子，在这里有最无私的老师们的陪伴，在这里有所有人团结起来共同奋斗的身影，在这里有我们最灿烂的青春、最美丽的芳华。请珍惜高中三年，特别是高三一年的老师同学，因为校服一脱便是一辈子、聚会一散就是一生。愿我们都像郗校长所说"愿我们有前程可奔赴，亦有岁月可回首。阅尽千帆，归来仍是如初少年"，愿我们每个人此生不悔，生而为众生，只因一切都是最好的安排。

认真地努力

（尹哲）

时间从来不会教会我们什么，它只是见证。高三的一年，见证了所有高三人的成长，这其中，有苦有乐，有泪有笑，但无论如何，当我们再回过头去看当时那个自己时，都觉得是弥足珍贵的回忆。

高三，是满腔热血、努力奋斗的代名词。面对高三，或许你们的心情是激动的、兴奋的，也有可能是恐惧的。其实，高三只不过是年级的升高，并不能代表什么，更没有必要去神化它，我们要做的，就是平静心态、稳定状态，以主人的身份面对学习。首先也是最为重要的一点，每个人在上高三之前都需要确定一个目标，它或许是你梦寐以求的大学，或许是你理想的分数，或许是一个有实力的对手。有了它，并不能保证你的成功，但至少可以成为你奔跑路上的加油站，让你能时刻保持一颗向上的心。但是，我们也要注意，目标是用来接近的，能完成最好，不能也不要轻易否定自己，只要尽力缩短与目标的距离，不要留下遗憾。

其次就是心态。高三有无数次考试，从某种程度上说，心态的调节比在考试中发现问题要重要。这里的心态，并非考试后，而是在考试中，所谓"周测考试化，调考高考化"便是如此，只有这样，才能做到在大型考试中临危不乱，正常发挥。这是经验，也是教训。很多人正是因为做不到这一点，才导致所谓的失常发挥。

以上是心态准备，关于学习我有两点心得。第一，相信老师。当然，你可以有自己的小计划，但是绝对不能与老师的意见相左，必要时可以找老师沟通，要合理地吸收老师的意见，完善自己，这样才能得到更好的提升。第二，用心。"用心"其实是我们数学老师经常说的，我也很喜欢。用心不是假装努力，不是每天早来晚走但是毫无效率，而是真正地在心里有自己的想法。在我看来，这是一个相当神奇的词语，它可以让一个人的成绩飙升，可以让一个人摆脱弱科。题是永远做不完的，你需要做的真正有效率的工作就是让你做的每一道题都有意义，包括对错题的认真复习等。

　　高三很短，转瞬即逝，我希望作为高三人的你学会珍惜时间，把时间用在刀刃上，把所有的心思放在学习上，掌握属于自己的方法，认真地努力。

奋斗追梦，我的模样

（种梦萱）

前几天听到有人在说高考倒计时，有种恍若隔世的感觉，去年的这个时候，我刚进高三。我一向有"一任风吹雨打，我自岿然不动"的能力，刚进入高三也没把高三当回事，然而顶着18号的学号入班的我上学期的两次考试都是50多名（全班共65人），之后的考试成绩也是起起落落，无法稳定在一个小的区间。这时怎么办？面对成绩的落后，要对自己有信心，下的功夫有的见效快有的见效慢，然而任何努力都不会是徒劳无功的，做永远比不做强。下学期的五调我考了班里倒数第二名，大家安慰我，说这是个偶然。下个星期的一模考试我又考了50多名，当时我表现得很平静，因为我相信既然之前能考好就不会一直沉沦，所以后来无论是年级38名的辉煌还是500多名的坠落，我都心静如水而一往无前。一年间从一开始的崩溃落泪到后来的淡然处之，当然所谓的因考试多而麻木是不可能的，但我的考后缓冲期越来越短了，也越来越专注于学习本身，去精进、去研磨，在看似超长的学习时间中充实紧张，绝无厌倦。

高三或高考给我们的并非单纯的知识、成绩、大学录取通知书，而是精神层面的成长。父母渐渐老去，我不再一遇到事就打电话哭哭啼啼，而是再痛也自己扛下。成长注定孤独，我们追求的不是抵达只存在在幻境中的乌托邦，而是收获成熟的灵魂和更好的自己。没有过不去的坎，只有不敢过的人，你强敌人就弱，经受的痛铺就了成功的梯。我学会迎难而上，面对弱科有了迎接和战胜的勇气（个人认为，补弱的最好方法就是有信心、毅力，但又忘记自己的弱以避免不断加深消极的自我暗示），我因此找回了悦纳的能力，宽容他人的不足，忍下所谓的委屈。简言之，不再以自我为中心并渐渐相信集体的力量。从高三之初开始，我们班成绩一直不太理想，我们因为"内向"，很多时候表现不积极，走过弯路，摔过跤，但在班级中我感觉很温馨，交了很多朋友，一起哭、一起笑、一起挨批，讨论学习，互帮互助，携手同行。

要做到披星戴月、争分夺秒、心无旁骛，一日容易，一年就难了。而正如老班所说，是集体的陪伴、激励给了我们坚持下去的力量。

在衡中的3年很苦又很乐，既长又短，要说刻骨铭心莫若高三。抱怨归抱怨，朝气蓬勃、勤奋刻苦、奋斗追梦本就不该是严苛下的被逼无奈，这是衡中高三人的模样，也是天下所有青年该有的模样。

最后，愿所有坚持拼搏的学子高考大捷。

平和心态，勇往直前

（张云鹏）

回顾高三这一年，并非一帆风顺，而是布满荆棘，命途多舛，成绩一直上下波动，曾辉煌过，也曾跌入低谷。进入高三以后，已无高一、高二时的迷茫，没有了曾经的闲思与分心，内心目标更为明确，信念更为坚定，心智更为成熟，能力也得以提升。

高三时我担任劳动委员，虽然任务多、工作量大，但内心并不排斥，担任班委职务也对个人提升学习成绩提出更高要求，所以我尽全力在两者间寻求平衡，但个人能力有限，往往事与愿违。劳动委员一职曾多次让班主任费心，学习成绩有时也不尽如人意，可这是人生一笔财富，让我获得一次不可多得的历练机会。

面对数不清的考试，无数次成绩的起起伏伏，我也曾失落过。在老班忧患意识的指引下，我将失败化为动力、将成功化为潜伏的危机成为常态，这才使我真正闯过高三这一年；在班主任以身作则、身先士卒的带领下，才有了我在高三战场上过关斩将、勇往直前的信心。有了引路人，再加上个人的坚定与信念，逢山开路、遇水架桥，一切艰难险阻都将让路，从而成为人生路上美好的回忆。

在高三具体学法上，指导总路线即补弱固强、统筹兼顾，即努力补自己短板的同时又不让强项失去优势。面对高三的题海，心里要明白，题是永远做不完的，但不做题肯定颗粒无收，这就需要我们合理安排时间，在各科上尽量做到平均分配时间大前提下，适当对弱科稍微倾斜，但也不能一头埋在弱科上，结果可能弱科提升很小而强科一落千丈。说到这儿，就不得不引出计划，计划就是为了防止学习时一头雾水、效率低下而准备的。计划不一定非要落实在字面上，心里有谱即可，最重要的在于落实，明确任务的重要性并能根据实际实时更改。

说到高三的心态，大无崩溃的必要。成绩的起伏是必然，从前几名跌落到倒数也很多见，重要的是"不以物喜，不以己悲"，要追求一种心态的平和，对成绩应抱有"在战略上藐视对手，在战术上重视对手"的态度，既不过分看重又不可轻视。不少同学考试期间生病了，对此也不必要过分忧思避免分心，生病与成绩并不相关。我在高考时身体不舒服，一直干呕，但最终也坚持下来了。

祝大家怀"诚既勇兮又以武，终刚强兮不可凌。身既死兮神以灵，子魂魄兮为鬼雄"的心态，勇往直前，再续辉煌。

感恩有您

（王胜捷）

记得那年中考择校，爸爸问我选哪里，我脱口而出"必须上衡中"，可见我心如磐石。我以非其谁的决心，雄纠纠气昂昂跨进了衡中的大门。如今，回望3年，感觉自己真是选对了，努力对了。

融入衡中这个大家庭，给我的第一观感，它不是急功近利地速成一个学生，而是从根子上塑造一个学生的灵魂。衡中三年历经三任班主任和各科老师，他们对我们视如己出，像亲人一样对待我们，既严格要求，又让人备感温暖，使我不论是在学习成绩上还是在个人心理素质上都有了新的飞跃，我为有这样一群倍加敬业的老师感到骄傲和自豪。

和别的学校相比，衡中的卷子量非常之大，试卷一摞又一摞，装了一箱又一箱。这样的模式的确有点儿辛苦，但是量变才能引起质变，既想考出好成绩，还要轻松惬意，这本身就是一个悖论。衡中学习模式开启、铸就了一个学生的灵魂，也为我终身解决"本领恐慌"奠定了坚实的基础。

衡中的家长寄语总是那么恰如其分。简短的寄语，每每让我们心潮澎湃，给我们激情，给我们力量，让我们有使不完的劲儿。"不苦不累，高三无味；拼一载春秋，搏一生无悔""成绩的提高来源于坚持不懈地努力，生活的幸福来源于坚持不懈地奋斗"……这些话语，激励我们砥砺前行；这些鼓励，在高三最关键的时期，让我始终保持奋斗的激情，时刻对自己的目标和理想充满信心，为理想而努力拼搏！若干年后，再回头看看曾经走过的路，也没有遗憾！

衡中的老师们非常辛苦，披星戴月，夜以继日，不论刮风下雨，严寒酷暑，周而复始。有这样一首打油诗描述他们的辛苦："鸡鸣即起，一日开始；先见学生，赶到班里；检查卫生，辅导自习……不知不觉，西山日暮；吃罢晚饭，辅导自习……十点过后，再查夜去……两眼一合，已然梦里；不是上课，就是考试。"如是等等，正是老师们真实的写照。当我接过毕业证书的那一刻，我才警觉，不知不觉已然毕业，忍不住泪流满面，心里由衷地道一声："老师，您辛苦了！"

当然，不是每个进衡中的学生都能上全国顶尖的一流大学，但在这样的环境中接受熏陶和历练，同众多高手比肩成长，这不就是青春最珍贵的财富吗？

愿衡中每一个学生都金榜题名！愿我们的明天更灿烂！

高三如诗

（于子瑶）

久坐桌前，回想高三，宛如昨天。高三很辛苦，这是尽人皆知的，但只有高三的亲历者才懂得高三的精彩纷呈与满心感动。

高三是一段"为伊消得人憔悴"的旅程。高三的开始便是高考倒计时的开始，从330天到200天，从百日誓师到25天动员，一路走来，我们始终追寻着心中的那个梦想，尽管期间经历了许多事，但始终未曾放弃。还记得成绩起伏时的心力交瘁、低谷时的自我怀疑、努力后仍一无所获的焦虑与迷茫，但这些不足以击退我，因为可怕的不是一时的失意，而是没有那种"收拾旧山河"的勇气与激情。高三，贵在坚持不懈，高三；"衣带渐宽终不悔"。走过高三这一年，我渐渐发现，人真的很神奇，可以因为一句话而泪流满面，也可以含着泪、咬着牙坚持走很远。

高三是"但愿人长久，千里共婵娟"的思念，这份思念中既有同窗情又有师生情。在722班，每个人都是并肩作战的朋友，高考后，我们不得不分离。不过，我们也明白每个人的离去都是为了更远大的前程，为了遇见更优秀的自己，正如甘肃同学的离别赠言："9月，北京见。"高三这一年，我们更收获了难忘的师生情。犹记老班出差前的千叮咛万嘱咐，那是放不下的牵挂；犹记数学老师带病上课，因腿受伤寸步难行的她依旧在讲台上妙语连珠、神采飞扬……坐在前排的我，看到老班跟操后进教室默默为我们插上饮水机的插头，"多喝些热水，少喝凉水，别闹肚子"仿佛是她的潜台词，尽管这只是一个简单的小动作，也许多数同学未注意到，却让肠胃不好的孩子备感温暖。如今已经离别，大家各奔东西，但思念不断，情谊永存。

高三是"踏遍青山人未老，风景这边独好"的醒悟。高考不是终点，只是新的开始。走过高三，才懂得何为高三，不仅是一段想起来就热泪盈眶的岁月、一张理想大学的通知书，更是一份永久铭记的衡中精神。还记得每一个清晨对自己的鼓励和冲出宿舍时的高声呼喊，高三一年让我相信世上没有奇迹只有努力的轨迹，没有运气只有坚持的勇气。每一份坚持都是成功的累积，只要相信自己，总会遇到惊喜。踏遍青山人未老，走过高三魂不灭，三年衡中路，一生衡中人，衡中精神永存我心。

我们这一生要走很多条路，有笔直坦途，有羊肠阡陌，有繁华，也有荒凉。无论如何，路要自己走，苦要自己吃，任何人无法给予你全部依靠。没有所谓的无路可走，即使孤独跋涉、寂寞坚守，只要你愿意走，踩过的都是路。你以为走不过去的，回头看看也不过如此。不回避，不退缩，未来终将到来。高三这一年，我们拼过、闯过、奋斗过、坚持过，最终无悔。

高三这一年

（刘白歌）

弹指一挥间，时光已如白驹过隙，高三一年可以说是我人生中经历的最短的一年，也是对我影响最大的一年。

高三一年要感谢的人实在太多，爸爸妈妈一直都是我最坚强的后盾，高三一年我有幸遇到了世界上最伟大的老师。我永远都忘不了老班在三模考试前对我的鼓励，当时我的状态特别差，但老班的几句话让我的心态重归平静并取得了极大的进步。我也忘不了地理老师第五节课与我在长椅上的谈心。我更忘不了临近高考时各科老师的守护，他们将他们宝贵的家庭时光给了我们，让我们享受到母亲般的爱。当老师们坐在讲台上静静备课，而我在座位上静静学习时，会感觉整个世界都是如此安静，会有一种发自心底的坚定。我也感谢与我并肩战斗的同学们，和他们在一起的每一天都那么充实，每一次交流、每一个鼓励、每一句玩笑都支撑着我不断前进。

说起高三是什么，我觉得高三真的是一种成长，高三一年让我经历了从未有过的心理路程，我也真正明白了当时老班所说的"高考才是真正的成人礼"。高三一年大大小小20次考试，我有过最好成绩，也有过长期的低谷。无论成绩是好是坏始终未曾放弃，让我学会坚强；无论遭遇什么挫折，始终能保持微笑，让我学会了乐观；无论有何困难总能想到办法，让我学会调整与改变。曾经我也那么讨厌考试，如今看来，其实步入社会所需要的基本品质都已在学习中练就。高考真的让人学会成长，真的让人难以释怀。

分享给学弟学妹们的方法，我想最重要的一点便是学会专注。时间的利用，可以说很大程度上不取决于时间的长度，而取决于时间的宽度，这一点我深有体会。不要抱怨为什么投入了那么多却没有收获，与其抱怨不如学会反思，常常调整状态，保持一种专注，学就踏实学，玩就痛快玩，这才是最佳状态。再就是学会谦卑。这种态度在学习上表现为无论情况有多乐观都不能放松警惕，这也是我最大的教训。高三后期真的要学会巩固强化，强科是你的利刃，是你斩敌无数的利器——高考这一战真的是一场厮杀，唯有将利刃磨锋利方可破敌无数，称雄一方。具体的方法我并不想多说，种种方法都因人而异，还待学弟学妹们自己探索。

　　说了这么多，终究还是一句话："享受高三，无悔高三，铭记高三。"

衡中，照亮我心灵

（王钰）

衡中三年，让我从一个充满幻想但缺乏方向的人成长为足以经受考验、及时调整心态更重要的是拥有目标并为之踏实努力的人。今日回首，感慨良多。

文理分班后我进入文实，但刚刚进入高中就产生的对难题充满畏难的情绪一直是我挥之不去的阴影。带着这种对未来的迷茫，我像在大海中迷失方向的航船，在黑暗中摸索，在期末考试中班级倒数第二名。考完试的那天晚上，我抱着被子狠狠地大哭了一场，最后枕着不知道湿了多少次的枕头沉沉睡去。那个新年，大概也是从小到大最为苦涩的。对于我从小到大看似一帆风顺的学习路途来说，那次考试确实是一个巨大的打击。

回家后，一天夜晚，我隔着窗户，向校园的方向远远眺望，竟越过重重阻隔看到了揽月楼上的钟盘，很明亮。望着它，我的心中燃起无限光明。与此同时，电脑上一条信息提示音响起，是老班！"我想你不会满足于现在的自己，我相信你，加油！"也许，一颗绝不服输的种子就在那刻种下。回到学校，我的成绩一次次回升，我超越自己的每一次成绩，下一次永远是最好的。就这样，我没有遗憾地走完了高一。

升入高二，一切又有了变化。膨胀淹没了我的上进心，我在自满中毁灭，成绩一直徘徊在低谷，好不容易树立起的自信仿佛要消失。这时，我看到一束光：老班开展期中奖励活动，我和两名好友提出了争夺共同进步奖，如果我们三人中有一人仍在徘徊，就无法实现我们共同的承诺。因此，一个月的共同激励与互相鼓励成了记忆中的亮色。时光流转，岁月变迁，很多东西会变，但那时的每一个包含鼓励的眼神与共同奔向操场的身影成为我永远的珍藏，它让我的内心，因为团队的力量存留下不灭的火种，从而无惧任何困难，我们的成绩也给了我们最好的答案。

高三战鼓擂响，我感到无形的硝烟在我迈进这个生命的搏击场时就已经悄然腾升，既有期待，也有紧张，我收获了最快的成长。在老班为我们的不成熟流泪时，我们的内心有幽微的疼痛，于是我们懂得了相互理解与感恩；在老师们放下家庭为我们奋战在第一线时，我仿佛感到满腔热血可以随时随地因此沸腾，创造一切奇迹……当然，更重要的成长，是心理上的。刚刚进入高三时我曾迷茫徘徊，成绩的不理想让我没有足够的勇气去呐喊自己的理想与未来，大学目标也在游移不定。终于，当成绩连续3次在下游徘徊时，我在早上冲出宿舍楼时发泄般地喊出"我要上北大"时，竟立刻感到力量注入，我找到了那种必然般的宿命感。高考逼近，我最大的问题是成绩不稳定，于是我确定了"偏科集中补、中科不放松、好科保优胜"的策略，终于在临近高考的疯狂备考中找到了状态。越到后期，问题和漏洞就会越多，有时复习着复习着也会突然产生极大的自我怀疑与迷茫感，于是我在桌上放了一张卡片，上面是我最喜欢的一句话："我会赢，只是时间问题。"每次想要放弃时，我总会问自己：3个月后，你想在哪儿？你会在哪儿？所幸，我支撑自己迈向终点。不论成败，我都收获了成长，不仅是知识的地毯式汇总，更有我对未来的蓝图勾勒，是物质上的准备，是精神上的升华。

平台决定眼界，我遇见了好的同行者，走向了更美好的天地。回首过往，相信除了自己，没人能够将我定义。衡中三年教会了我最简单的成功哲理，我每天早上醒来想的第一件事是今天如何比昨天更进步一点点，于我而言，这就是胜利。

◎高考前的团队合作：怎么共同提高

衡中——我永远眷恋的地方

（长孙依蓬）

高中的衡中生活，让我明白衡中不是一个只会灌输知识的地方，而是一个有着多彩生活的地方。这里的每一个人、每一件事、每一句宣言，甚至一花一草一木都具有教育意义。初来衡中是一个冬天，伴随着草木复生，我在一步步成长，成绩随着柳叶的发芽也慢慢有了起色，看着芝兰玉树的绚烂绽放，自己心中也在等待着花开。

随着升入新的年级，看过许多掠过身边匆匆但又坚定的身影，我也学会了奔跑，去食堂、去操场、去宿舍……感受耳边拂过的风，享受跑出来的、挤出来的几秒学习时间。偶尔会在网上看到对衡中的非议，他们不知道，衡中不仅有学习，也有各种精彩而激动人心的会，每次都能让人重新充满力量。同学们一起开阔眼界，学到了新的知识，感受到了一起庆祝节日和欣赏节目的欢乐。这样的生活虽忙碌，却有很好的人陪着。同学们总是很友善，既可以解答我的疑难问题，也可以和我一起欢乐谈论生活，给我莫大的鼓励。努力的他们就像太阳，提醒我也要用自己的光去激励他人。老师们总是兢兢业业，按时按点给同学们解答疑难，花大量时间制作课件，及时发现同学们的问题，包容地讨论研究使课程更加完美。看到加班很晚才回家的老师和留在教室认真学习的同学，我也会加倍努力，跟上大家的节奏。

上了高三，在压力极大的时候，我们学会了把压力转化为动力，在困境中保持前行的激情。每一次的高声呐喊，每一堂激情的早读，都会给我们信心。我们在改变中完善自己，接近更美好的未来。每个人都在努力，每个人都不放弃，每个人都有着大梦想。这里一切值得感恩的人也在为我们默默付出着，帮助我们的同学，守护我们的老师，早起做饭的食堂阿姨，默默清理垃圾的楼管爷爷……他们努力为我们创造更好的环境，做好每一个细节。结束衡中生活，离开的那一天，我突然明白，让衡中闪耀的并不是它的门面，而是追求卓越、永不服输的精神和每一个努力追寻梦想奔跑的灵魂。

147

岂曰无衣，与子同袍

（金瑛琦）

要说高三这一年给我留下印象最深刻的，还是团队合作。每一个年级都有一个大的朋友圈，有的人在朋友圈的中心，有的在内环，有的在外环。而大家普遍认为，我根本就不在圈子里，我真正关系好的就是几个人而已。其实，我很重视朋友和团队，这一年里我从属于这么几个团队。

第一个团队是722班。班级成绩对个人会有很大影响，一个班级的竞争力强会增大个人动力，你要在这个班级中争取较好的位置，自然会在年级同层次中脱颖而出，就好比你在衡中的位置拿去和河北其他学校同层次的人相比，八成是不会输的。

第二个团队是历史科代表团队。一个好的科代表团队有两种模式，第一种是科代表彼此平等，这要求每个人都有极强的责任心，主动干活；第二种是有一个人作为团队中的领导者，统筹全局，分配工作，这要求领导者有威信，能服众。同时，团队里每个人的素质也很重要，责任心不强再加上人多就会出现推诿扯皮的现象，所以，科代表选拔注意素质要强、人员精干。当科代表可以提高这一科的成绩是有一定道理的，但是还需要你自己对这科的不断努力。同时，当科代表提高威信的最好的方法就是把你这一科的成绩提上去。

第三个团队就是我和我的朋友们。我们几个人彼此关系都很好，我们来自不同的地方，我来自外省河南，有的人是衡水市本地的，有的人是张家口市的。我们平时会在一起进行一些学习方法的讨论，尤其到高三后期备考阶段，我们都在彼此借鉴中寻找属于自己独特的学习方法、学习模式，同时在成绩不理想的时候来自朋友的鼓励也是很大的动力。我曾经和隔壁班的一个跟我关系好的同学每天中午一起吃饭。当然，如果你跟你的同学一起吃饭的话，我建议不要互相等，谁先吃完谁就走；如果有一个人吃得慢而另一个人等他的话，那就真的是浪费时间了；如果你俩都很快的话，那就没有什么问题了——在一起吃饭的过程中，也可以聊一聊学习方法或者讨论一些题。

　　总之，这一年我感谢我的团队、我的伙伴。老班说高三这一年是孤独的，因为这条路上只有你一个人在走。这话没错，因为你自己的成绩、你的未来是自己给的，确实是孤独的，但同时，你也有同行者，他们和你志同道合，或者说有各自要追寻的同样远大的梦想。你们在路上彼此陪伴，彼此鼓励，也很好。团队合作是一种助力，但说到最后，最重要的还是你个人的实力，你自己要努力才是最根本的。真正强大的动力都是内生的，而不是外加的。这就是我的3个团队，希望大家在学习的过程中能够学会很好地利用团队的力量，在前进的路上结伴而行，且行且珍惜！

我们永远不是一个人在战斗

（黄珊）

有人说通往成功的路必然是孤独的，其实孤独只是相对的。高三一年来我也曾伤感过、怀疑过，总感觉没人理解自己，但是学弟学妹们，请你们记住，我们永远不是一个人在战斗。

其实，高中三年，陪伴我们最多的是老师们。尤其到了高三，在老师心中我们更是跃升到了"比亲生的还亲"的地位。教书育人是为人师的职责，但是老师们无私的付出着实需要我们报以感恩的心。记得高三一年来，老班为我们着过急、流过泪、摔过跤、生过病，老师对我们的帮助不仅仅在学习上，生活上的任何事我们都可以找老师沟通。很多时候，老师们会或严厉或委婉地给我们提出建议，其实所有的批评都是他们对我们的怒其不争。要相信在衡中，所有的老师对同学们都是一视同仁的。学弟学妹们，所有老师对我们的教诲是他们与我们并肩作战的最好证明，但是也要明确一点，不要过于"以物喜，以物悲"，老师们的共同目的是让我们学生得到最大的成长，如果对老师的批评或者生活中一些其他的小事耿耿于怀，那就得不偿失了。要学会感恩老师：问完题后道一声感谢；晚三下了课道一声"再见"，说一声"注意安全"；老师生病时留一张暖心便利贴。这样做不是要刻意表现什么，因为我们是一个共同体，像我们老班常说的，要有同理心。

高三是我们发生巨大变化的一年，但总有些东西是不变的。十几年来我们的爸爸妈妈含辛茹苦，临近高考更是日夜操劳。高三，我们是"重点保护动物"，父母对我们的关怀，无论是在学习上还是在生活上都无微不至。你或许厌烦他们一次次问你成绩的起伏，你或许不屑于他们对你的一次次叮嘱，但是我们必须理解他们的苦心。越是临近高考，越不要在父母对你提出学习上的指导时表现得不屑。你比他们懂得多，但他们是把自己看过的、理解的、认为重要的讲给你听，所以要尊重并理解父母的一片心。高三下学期，父母会为你考虑报考志愿的问题，可我们的家长也许并不精通这些，这时父母会问东问西，你不懂也没关系，这些问题都可以找老师解决。对父母不要烦躁，主要把心思放在复习上，最终得分才是王道。

高中三年，与我们有着最深记忆的就是同窗了。想想课上顿悟时与同桌的相视一笑，课下讨论问题时的热火朝天，我们多么幸运，与各地的小伙伴坐在同一间教室，听着同一个老师讲课，为同一个梦想奋斗。高三的确很辛苦，但是大家在一起很充实、很满足。尽管平时也许少不了摩擦，但是也没必要小题大做，把心放宽，专注地学习就好。还有，同学们会形成自己的学习、复习"套路"，同学们分享的内容固然需要借鉴，但也要记住一切都是因人而异的。高三会有很多资料，尤其是后期，全部看完很困难，但也不要心慌，拣重点看即可。如果你自己看到了不错的习题或资料一定要善于分享，永远不要吝啬对知识的分享，只有大家一起努力，才会实现双赢或多赢。

高三真的是非常美好的一年，不要抱有心理压力，综观人生，它也只不过是人生的一个插曲，希望学弟学妹们与爱你的人并肩作战，奋战一年，不负青春。

有你同行真好

（刘璇）

高三这一年有太多的坎坷，这一路走得真是十分颠簸。面对如此强大的竞争压力，其实我觉得每个走过来的人都是强者。在高三的酸甜苦辣都化成刻骨铭心的一段记忆，流过汗水和泪水，可当回忆起来时都热泪盈眶，这才是青春该有的颜色。看着越来越小的倒计时数字，你会不知不觉中燃起满满的斗志。当你在失败面前勇敢地爬起再战斗时，当你在挑战面前无所畏惧时，当你面对强敌勇往直前时，我想告诉你：青春是用来奋斗的；不论结果如何，但行好事，莫问前程；对得起自己就好。

身为722班的一员，这一年班级也经历了很多坎坷，我们一起成功也好、失败也罢，有欢笑也有泪水，但是这一路上我们所有人都在努力付出着。老师悉心指导和照顾，同学们的感恩和回报，我们共同担当、共同挑战，我们做到了无悔地付出和无所畏惧。有一句话是"一个人能走多远，要看他有谁同行；一个人有多优秀，要看他有谁指点；一个人有多成功，要看他有谁相伴"。这些，我们722班都做到了。

光荣之路

（韩旭斐）

高三这条路，一个人大概是走不下来的。

我仍记得调考失利后含泪的一次相拥；记得两任数学老师，一个在病床上担忧我们，一个在高考大敌临近前临危受命；记得老班受伤整条左臂不能抬起，却轻描淡写笑着说"幸好是左手，不影响板书"；记得地理老师在我桌前的细细叮咛；记得历史老师严厉外表下掩不住的温柔；记得语文老师给予我的信任与支持；也记得政治老师讲解的侧脸，既专注又温柔。

这是真的，这条纯粹又热血的路就是我们的光荣之路。

拼尽全力的这一年，就是我们对青春最好的礼赞，不曾辜负。

我们曾迎接朝阳，在每个有老班陪伴的清早；我们曾在每一个课堂上回应老师，完善自我。一次次失败，却从未放弃拼搏；一次次爬起，从不畏惧突破；一次次见证自己，有勇气归零。

我的高考并不完美，英语考试前临进考场吐了两次，坐在座位上头又晕又疼，但我仍坚持到最后一刻，没有退路，只有一搏。

高考于我而言，真的不仅仅是一个分数：我学会相信自己，看到差距却也看见属于自己的光；我学会坚持到底，和自己的偏科数学斗争，屡战屡败，屡败屡战；我学会感恩，学会成长，学会运用自己的力量冷静处理突发状况，即使在一生一次的高考考场上。

英语考试结束后，我妈哭了，我知道她是心疼我，心疼我的付出也许换不来一个好的结果，可是我没哭，我告诉妈妈，我真的一点儿都不后悔。后悔是对自己努力付出的不尊重，高三这条路，我真的走得足够坚定。

该做的我什么都做了，高考我也坚持到了交卷铃响的最后一刻，我毫无保留的3年，我奋力拼搏的3年，就是属于我的光荣之路。在本该焦灼等待结果的这几天里，我却感受到一种奇异的宁静，不惧前路，不问归期。我知道，我们曾并肩作战，那段共同经历的日子，是我们独特的青春记忆，是属于我们的光荣之路。

　　追求卓越，这是母校教给我的。勇于承担，团队合作，这是老班教给我的。不惧怕失败，永远保持热情，永远前进，这是高考教给我的。这都是高三这一年馈赠给我的礼物，我将终生铭记。

勠力同心

（刘思颖）

高三一年发生的种种还历历在目：漫长的上学期，快节奏的下学期，压力山大的自主复习，紧张又感动的高考……全体师生并肩作战度过了300多天。说到这儿，不禁又要感慨时光飞逝，N次考试的压力在老师、同学的鼓励与激励中慢慢消失，转化为无形的动力。

回首高三一年，我收获的不只是成绩，也不仅仅是心仪的大学，还有做人的启迪，足以一生受用。仔细想想，我们何其幸运。在激情满怀的马老师的感染下，我从一个凡事拖沓的人慢慢变成一个有计划、有目标、有方向的人；在各科老师的鞭策下，我不断挑战自己、改变自己，相信自己也值得拥有最好的。以严格得近乎苛刻的标准要求自己，在外人看来很苦很累的学校生活在我眼中是最珍贵的时光，值得一辈子珍视。高考后，在一小部分外人对母校异样的目光、不知所谓的传言中，我只是一笑置之——没有亲身经历的人没有发言权，身处其中却没有乐在其中并享受的人也无法体会到其中的奥妙。经历过高三我才真正懂得什么是衡中精神，才真正为自己是衡中的一分子而感到骄傲：每天早上5点40分的太阳是最美的希望，是新一天的美好企盼；每天和同伴伴着星光与明月回到宿舍是最美的梦乡。一起并肩作战的日子，想想都会热泪盈眶！为了一道题而争得面红耳赤，为了能比别人多背一点儿而沙哑的嗓音，一打下课铃就争先恐后地出去问问题，和老师开玩笑而被开玩笑地"打骂"，给闺密起外号而被群殴……这都是最珍贵的回忆，是上天的恩赐。

学会感恩、奋斗、智慧付出是我这一年的最大收获，无论结果，只要有所收获就好，我现在可以毫无愧疚地说出我与苍天两不相负。珍惜团队的力量吧，它可以使你在黑暗中找到前行的方向，在狂风暴雨中高歌行进。

众志成城

（秦仁渤）

在过去的一年生活中，我在文实722班经历了许多事情，也从中学到了许多。作为班长，我从大家身上见证了成长的苦与乐以及共同奋斗的艰辛历程，所以，我想分享自己的感受以作参考。

首先，一个团队能够不断前行，需要一个领导核心，而我们的班主任马老师堪称典范。因为文实的成绩变动很大，所以每个同学都有进入清北的可能。因此，并非单独关注班级前几名同学，马老师将视线放在全班同学身上，只要肯努力有上进心，马老师都会耐心地教导。在任何同学有任何困难的时候，她总是最先发现并及时沟通，争取让每个人不再疑惑。除此之外，在我们班级连续四次失利的情况下，我们在班会上看到的总是马老师焦急的表情，她用振聋发聩的语言使每个人警醒并且不放弃希望。最令我感动的莫过于马老师每天早上坚持陪伴我们跑操，这是我们的动力。还记得高考过程中，每考完一场，回到自习室，都会惊喜地发现水杯里的水是满的、是温的——是马老师趁我们考试为我们打好水，再把水杯放到每个人的桌上。

千人同心，则得千人之力。没错，团队中的每个个体至关重要。就我们班而言，"努力"二字一直是响亮的名片，从每天的早操到位，再到一日三餐，总能看到我们奔跑的身影。与其说是日复一日地努力，倒不如说是每一天崭新地蜕变。每个人都有坚定的信念，都有着自己理想的大学目标，所以，每个人都展现出了自己最好的一面，也在共同奋斗中磨砺着自己。

当然，团队作战中需要不断更正自身的缺点。就我们班而言，内向不积极一直困扰着我们。与隔壁班相比，我们有时太过"淡定"，消弭了斗志。在这种情况下，马老师总是不留情面地指出问题，希望大家有所改观。尽管如此，这个缺点一直贯穿我们的高三生活，可以说，我们一直在与不完美的自己作斗争，但不管结果如何，直视问题，以刮骨疗毒的勇气改变自我，同学们变得更加乐观，更懂得沟通。

　　最后，我想对学弟学妹们说，既然生活在共同的集体中，就要悦纳它。你是这个集体的主人，你有权利参与它的建设管理，不要以"事不关己，高高挂起"的态度将责任推给班主任与班委，在每一个合适的时机出手，贡献自己的智慧，班级会更美好，你也会收获一份满足与自豪。珍惜身边的同学与老师，在困难时伸出援助之手，你们才能共同成长，共同体验其中的苦与乐。

美妙高三

（尹常笑）

高三这一年有悲有喜，就像莲子，苦中一点儿甜——即便明知是苦，那点儿甜却沁入心脾，给人深入的欲望。明知千难万险却义无反顾，既知苦海无涯亦能以乐为舟。

高三的生活是一颗薄荷糖，甜甜的但让人清醒。每天的学习痛并快乐着：获得新技能的喜悦，来自知识漏洞的惊吓，成绩高过旁人的窃喜以及低错频犯的气愤；每天浸润在知识的海洋，沉醉在"明白了"但时不时暴露的无知让人不至于消沉。

高三的同学是一团棉花糖。无论是考试的"凌虐"还是心理的挑战，同学们众志成城、一致对外，不会有人因为你一次的失利而轻视你，大家有一个共同的名字叫高三人。彼此之间没有秘密，你的每一次跌宕都有共同见证，人人都期待你的拔节生长。困难时相互搀扶，得意时相互警醒，每一朵梦想之花的绽放都离不开同窗之谊。

高三这一年，我结交了很多挚友，其中很多还是我高一、高二有过偏见的，经过高三，我们解开了彼此的误会。其实，所谓误解不过是未加深入便匆忙做结论的荒谬，唯有共历，方悟真情。记得我与一个同学高一刚军训时就有矛盾，后来一直未能和解，直到高三我们做了一次同桌。一开始我还有点儿讨厌她，但发现她一点儿不自在也没有，渐渐地我被她的大度打动，不禁自惭形秽。我发现了她越来越多的优点，她也不计前嫌在学习和生活上帮助我。可能这就是高三人的特质，不顾"爱恨情仇"，全心全意战高考。

高三的恩师们是一罐五味豆，有甜有苦，有辣有咸，不尽相同，但都令人着迷、令人回味。高三越到后期老师们越是辛苦，不但自己的孩子没有办法照顾，有时候连自己也顾不上了。老师们大多身体不好，高强度的工作让他们更加辛劳。唉，都说高三学生多苦多累，其实最累的还是老师们，并且我们最终要远走高飞，他们却要原路返回。

我最敬仰的是语文老师，她很温柔，给我一种家人的感觉。她很关注我，并且毫不掩饰对我的期待。当我成绩差到别人都不知道时，她发现了我、鼓励我、倾听我。即便我多次挫败，她仍满怀深情地跟我说："我觉得你可以，你要对自己有信心。"或许是那个考了600多名的夜晚，或许是更早，我颓废的灵魂已被她救赎。

我最欣赏的是政治老师，她幽默风趣，熟知各种歇后语。上她的课十分欢乐，在扑哧一笑中不知不觉便学会了难懂的概念或是难搞的题，一扫政治学科本身的高端、大气、上档次（抽象），而是与日常生活紧密相连，十分接地气。爱上政治从此开始。对于老师本人，我更爱她淡定从容、平易近人。她很冷静，每当我焦虑烦躁时，听一堂政治课，所有烦恼、担忧就会一扫而空，只想做好自己，再出发。

高三只有一次，青春不复来，要享受高三，享受这天赐的恩典，享受这命中的安排。

◎班主任助力高考：快速提分一二三

早操前动员——高考前12天分享

（马静丽）

尊敬的各位高三勇士：

12天后，我们将迎来专属于我们的光荣时刻，两小时后我们将迎来三模考试。

模拟考试的价值在于：模拟突发情况的处理，模拟紧张的高考心态，模拟规范正确的答题策略，模拟高考可能出现的知识障碍。为了高考得心应手，三模考试至关重要。

今天要跟大家分享的第一个关键词是"坚定信念"。美国洛杉矶1989年一次大地震，在不到4分钟的时间里，几十万人受到了严重的伤害。有些人幸运地躲过了地震，而有些人却在地震中丧命。一位年轻的父亲去学校找儿子，学校已经变成了一片废墟，其他家长还在痛哭，只有这位父亲不停地在废墟里寻找儿子。所有人都在劝他不要挖了，说没用的，而这位父亲只是问是不是来帮他的。当他挖到第38小时时听到废墟下面传来儿子的声音："爸爸，是你吗？"他找到了儿子，儿子的14个同学也都在。这个故事告诉我们永远不要放弃希望，只要坚定信念，就能成功！

跟大家分享的第二个关键词是"相信自己"。德国有一名叫安格拉的小姑娘，从小身体协调性就很差。5岁的时候，她下坡还会经常摔倒，甚至一度对下楼梯都有恐惧心理，根本没有生活的自信。她12岁那年，体育老师教跳水，安格拉磨蹭地跟在最后，眼看着同学们一个个完美入池，心里越发惶恐。有同学嘲讽她："你怎么还不跳？准是被跳板吓破了胆吧！"她足足站了45分钟，但是当大家都以为她要放弃时，她径直冲上跳板，果敢地跃起，纵身跳入泳池深处。她的动作虽然算不上十分优美，但她的压轴一跳，还是吸引了众人，赢得了喝彩。这一跳，让安格拉找回了自信。安格拉大学毕业后，选择了从政，后来竟然成了德国历史上第一位女总理，也就是现在的安格拉·默克尔总理。默克尔接受媒体采访，回忆起童年这个小插曲时说："我就在那一刻有

161

了勇气，后来遇到什么事都没有畏缩过。"默克尔的经历表明，内心的胆怯是每个人都有的障碍，鼓足勇气，突破自我，你的人生就会大放异彩。

同学们，一年的并肩作战，老师目睹了你们的汗水与泪水，见证了你们的惜时如金，见证了你们的顽强拼搏，见证了你们的信念坚定，见证了你们的合作攻坚。每一位同学既是独行的勇者，在冷冷清清的日子里风风火火；又有同行的伙伴，老师、同学与你共同面对人生转折。清华北大，是你的执念；"双一流"重点本一，是你的期盼。12天，不想泯于众人，那便朝夕争先；12天，不想辜负青春，那便一往无前；12天，若要奔赴远方，那便甘于沉潜；12天，若要以身报国，那便踏破楼兰。愿你时刻高效、永葆激情、心无旁骛、波澜不惊，愿你受的苦、吃的亏、担的责、扛的罪、忍的痛到最后都变成光，照亮你的路，因为这世间唯青春和梦想不可辜负。

同学们，所有老师都是你最忠实的支持者，都会始终如一地信你、帮你、陪你，愿你不负青春，圆梦高考！

谢谢同学们！

谈高考前10天英语复习

（马静丽）

英语是一个对基础知识要求较高的学科。基础较好的考生只要在高考中正常发挥，一般都可以考取令人满意的成绩；英语基础不太理想的考生也可以通过高考前的优秀状态，实现高考140分以上的高分。作为高三英语老师，给大家提以下四方面建议。

一、将考前模拟练习进行到底

有人说"一天不做手就生，两天不做头发蒙"，也有人说"通往理想大学的路是用一张张的卷子铺成的"，考前模拟练习的重要性可见一斑。当然，考前模拟所起的最大作用是在各方面进一步模拟高考，营造高考氛围，使学生适应高考思维，进入高考状态。英语科目模拟时间应为每天下午，尽量接近下午3点到5点的高考时间；每天至少一整套题的训练量，做题时间在两小时以内；做完题后，及时改正错误，寻找错题出错原因，巩固相关知识，思考做题方法，并应用在第二天的模拟练习中。除了做好每天的模拟练习外，考生还应把以前做过的单选、完形填空等题目拿出来多读几遍，重复理解，读到通顺为止，这样可以使学生通过语感快速地选出正确答案。

二、回归基础争取更多得分点

高考前的自主复习重在复习基础与查漏补缺，难题的解决能力不是一时能提高的，需要长时间大量做题积淀。事实上，高考能不能考出理想成绩，关键是能否把基础题做好，所以在考前10天回归基础找感觉至关重要。

1.回归考纲词汇

3500个考纲词汇学校过了一轮又一轮，老师安排得细致周密，但最关键的是作为考生的你是否做到了对你的考纲词汇多次"扫荡"，如果没有的话，记住"亡羊补牢，为时不晚"。最后的10天，只要每天半小时，你就可以把你的考纲词汇认真巩固两遍，词汇基础的夯实定会让你对整套题的得分能力信心倍增。

163

2.回归基本语法

根据模拟题出错情况，对发现的语法漏洞进行针对性补救，并完成适量巩固练习，加上原来的练习与思考，你会有融会贯通、豁然开朗的感觉。

三、提升书面表达得分

1.内容提升

作文拿高分往往是靠行文中的亮点，即短语、句型的应用。考前应分体裁精练5~10篇作文，类型应包括记叙文、议论文、说明文和应用文，其中以应用文为主，然后熟记背诵。同时，根据写作经验及以前背诵过的范文总结出各类作文的结构特点，如议论文首段阐明论题、第二段陈述双方观点、末段为个人观点等。熟记常用衔接词，如表达先后顺序时可选择使用的词汇如下。首先：First,Firstly,In the first place...其次：Second,Secondly,In the second place...再次：Besides,In addition,Additionally...最后：Finally,Last but not least,Above all...总而言之：All in all,To sum up,In summary...

2.卷面提升

高考要求非选择题部分用0.5毫米以上黑色字迹的签字笔或钢笔答题。规范、认真的书写态度是最起码的要求，适当的练习也是必要的。漂亮的字体不是只要认真就能做到的，笔的粗细、字母的大小、字母的倾斜度、单词间距等都需要考试前仔细揣摩、对比、练习以达到提升书写质量的目的。美观大方的字体可以让阅卷老师心情愉悦，得分自然不会低。

四、身体、心态的双重准备

1.身体的准备

保证与平常相同的体育锻炼，同时调整生物钟和精神状态，上午9点至11点30分、下午3点至5点是大脑最活跃、最清醒的时间。保证每天至少8小时的睡眠，适度午休。

2.心理的准备

坚定必胜的信念。对于每位考生来讲，英语的学习已经持续至少6年时间，曾经的用心付出定能换来高考时的累累硕果。做每一套题都保持谨慎、认真的态度，充分重视每一分的重要性，因为在高考中"提升一分，压倒千人"。每天完成模拟练习时（包括在高考考场上）请保持一颗平常心，不以易喜，不以难悲。135分可能是班级第一名，也可能是班级倒数第一，你只要用心做好每一题，实现你的最高分。另外，考前适度紧张是一种学习的动力，它可以使人精神振奋地进入备考状态。但是，高考前夕，家长们不要给孩子过多的压力和过分的关注。要相信自己的孩子，让他们自己安排复习和休息，平静面对考试。

备战高考仅剩10天，但只要你目标明确、周密安排，这10天将是你整个高三备考中含金量最高的10天，相信你可以做到如下要求。

1.向充分审题要1分。

2.向规范答题尤其是规范书写要1分。

3.向良好心态要1分。

4.向考纲词汇复习要1分。

5.向有意识积累作文句型结构、衔接词要1分。

6.向错题、笔记复习要1分。

7.向薄弱语法强化训练要1分。

8.向合理答题顺序、答题方法要1分。

9.向题不二错要1分。

10.向认真分析错因、明确思路要1分。

11.向多听取老师的意见要1分。

12.向勤奋踏实要1分。

13.向弱势学科要1分。

14.向重视基础题、中档题要1分。

15.向背诵要1分。

15分的进步已经到手，那就鼓足干劲儿，争取更大进步吧！

如何在高考中提高书面表达分

（马静丽）

随着新高考在全国各省份逐步实施，英语写作所占分值也越来越大，是哪些原因导致学生的高考英语作文有优有劣？又有哪些方法可以提升学生的作文分数呢？我根据自己近3年的高三英语教学实践，并结合学生的进步状况，与大家共同探讨在高考中如何提高学生的作文得分这个话题。书面表达是对所学语言知识的实践运用，要求学生把功夫用在平时，夯实基础，具备扎实的语言功底。俗话说，"冰冻三尺非一日之寒"，只有平时打好基础，养成灵活运用的好习惯，才会在紧张的考试中写出逻辑性强、通顺流畅的优秀作品。为此，我们需从以下四方面着手。

一、认真审题，明确要求

审题是书面表达的第一步，也是最关键的一步，做题前应认真分析材料、明确题目要求。具体说来，审题准确包含以下五方面。

1.审体裁

首先要弄清写何种体裁的文章，是记叙文、议论文还是应用文。应用文又有书信、通知、日记、便条等区别。

2.审格式

一定的体裁有其特有的格式。近年高考书面表达题中应用文不少，应弄清应用文该用什么格式，是否有其固定的套语等。例如，书信、日记、通知（口头或书面）、便条等都有其特定的格式，不能随便写。其中书信最复杂，根据试题要求，要注意信的称呼、开头、主体、结尾、签名，这5个部分都要写全面，而且每个部分又各有要求，同学们对这些都要有明确的认识。

3.审内容

要点齐全是得分的基本保证，漏掉要点就会被降低档次评分，在审题时还要弄清什么该写、什么不该写、哪些该详写、哪些该略写等。

4.审人称

审人称即弄清书面表达要求用何种人称，用第一人称、第二人称还是第三人称来写。高考书面表达阅卷中非常重视人称，出现人称错误要扣除相应的分数。

5.审时态

审时态即根据所给材料信息确定短文的基本时态。一般来说，记叙文尤其日记多以一般过去时为主，说明文和议论文多以一般现在时为主。由于每一个句子都涉及时态问题，所以学生容易忽略。随便用错时态，则每个句子都会因时态用错而扣分（时态错误属于扣分较严重的错误）。

二、紧扣主题，组织要点

书面表达评分的主要依据是内容，因此在认真审题、弄清题意的基础上，要逐一完整无缺地把内容点列出来，对于以图画或图表为内容的提示更要仔细观察。写作时必要的细节要紧扣主题，发挥要适度，不要太随意。

内容是主体，是文章的重心，是文章成败的关键。内容的构思包括以下内容。

1.层次的构思

一篇文章审题后要从几个层次来体现，或者说要写几段。体裁不同层次不同，可以三段可以两段。段落并不等于层次，它可以体现层次，但只靠分段来达到这一目的并不得当，层次更需要语言的过渡。

2.语言的锤炼

一篇文章的水平很大程度取决于语言的好坏，这就需要我们在写作中注意语言的选择，能用复合句就不用简单句，能用定语从句就不用并列句，能用非谓语就不用复合句。选择句式高级，选择语言词汇高级，可以让读者读你的文章时有种耳目一新、不落俗套的感觉。语言的构思应落实到每段、每句、每词的构思。

三、选词造句，行文连贯

要尽量使用多样词汇和短语，选择变化的句型结构，活用句型。

1.短句子的使用使文章简洁明快

如使用一些固定句型、不定式结构、省略表达等。

eg.Once he goes,we can clean up.

2.复杂句型的使用可使文章增色

eg.Bein gill,he did not at tend the lecture.

3.名言警句的引用可使文章添彩

eg.Once bitten,twice shy.

Where there is a will,there is away.

4.衔接词的恰当使用也会使文章增色不少

为了使文章结构紧凑、自然流畅，句子或段落之间要使用适当的过渡词。准确使用过渡词，使文章行文连贯，也可以使文章具有衔接性。

（1）表达先后顺序时，可选择如下。

①首先：First,Firstly,In the first place...

②其次：Second,Secondly,In the second place...

③再次：Besides,In addition,Additionally...

④最后：Finally,Last but not least,Above all...

⑤总而言之：All in all,To sum up,In summary...

（2）表对比时

but,while， however,just as， on the contrary...

（3）表列举时

for example,take sth/sb for example...

（4）表观点时

generally speaking,frankly speaking,one stly speaking,inotherwords...

（5）表补充时

besides,further more,what's more,what's worse...

（6）表结果时

so， therefore， asaresult， in this way...

四、练习书写，卷面工整

高考英语书面表达评分原则明确指出，拼写与标点符号是语言准确性的一方面，评分时，应视其对交际的影响程度予以考虑，如书写较差，以致影响交际，将分数降低一个档次（一个档次的差距是5分）。

这是衡中一名学生总结出英文字母书写的注意事项。

1.下笔要准（定好位置）。

2.运笔要稳（认真书写）。

3.收笔要忍（别太心急）。

另外还应注意：

1.有涂抹现象，严重扣分。

2.分段（2~4段）。

3.字母单词要沿线书写，小字母不能悬浮，要贴线，每行写直，确保去线后的效果。

4.字母大小要一致，倾斜方向一致。

5.词间距（1~2个字母）与字母间距要适中。

6.标点向左靠拢，标点不要过重或过轻。

7.写出认真，刻意雕琢出精品，"讨好阅卷老师"。

总之，书面表达的训练是综合能力训练之一，单靠以上做法仍是不够的，大量的训练要始终贯穿于英语教学，因为英语听、说、读、写方面的训练是相辅相成的，它们要互相促进、互相制约，无法单一进行。老师在平时教学中要合理安排、有机穿插，学生在教师鼓励和指导下要多读、多练、多记一些好的范文，只有坚持不懈，才能熟能生巧。学生只有真正理解"一分耕耘，一分收获"，才能在激烈的高考中信心十足，游刃有余地发挥自己的实力。

◎后记：班主任的透明度

2003年从河北师范大学毕业，刚刚参加工作的我被安排做了班主任。我心中暗喜，一方面自己的管理才能终于可以派上用场；另一方面，班主任可以与学生走得更近，更容易摸清学生情况，在管理班级的同时为自己的学科教学获取更多的有用信息。就这样，我带着满腔的热情投入了班主任的工作中，决心用自己不懈的努力、真诚的付出和学生一起创造理想中的优秀班集体，无论是常规管理还是学习成绩都要做到优秀。我决心做一个透明的班主任，与每一个学生进行心灵的沟通，与他们一起解决学习生活上的问题，并为此努力进取。

教学之初，我用自己的真诚真的打动了班里大部分学生，师生关系融洽，班级成绩也比较好。但是半年后，当我接手另一个新组班级时，问题接踵而来，主要表现在班级量化不再像前面的班那样优秀，学习成绩也从第一次的系列第一名滑落到第七名，原因大致有两方面：首先，学生没有了刚升入高中时的新鲜感，虽然对学校的规章制度了如指掌，但有些同学养成了虽不触犯学校规定却影响自己或其他同学的坏习惯，比方说课堂上转笔，课间在教学楼楼道里打闹嬉戏，午晚休时间看书等；其次，这些学生并不喜欢与班主任太多地沟通，他们或把自己的事装在心里或与其他同学一起商讨解决，很少有同学带着问题求助于班主任。作为班主任，虽然我的努力与付出仍然是很透明地展现在学生的面前，却得不到学生的信任，这就迫使我反思自己的班级管理到底是哪里出现了问题，为什么自己的管理不能让每一个学生适应，为什么学生不愿意敞开心扉把一个透明的自己展现在老师面前呢？

带着这些问题，我一边在接下来的工作中通过观察和与学生座谈寻找答案，一边向一些经验丰富擅长管理班级的老师请教。通过与学生交谈，我了解到，学生不把自己的问题摆在老师面前，并不是不相信老师，而是觉得没必要告诉老师，自己能解决的问题就想自己解决。一些老班主任也告诉我，对学生的管理不用面面俱到，只要把大方向给学生指明，让班干部负责管理，同学们管好自己、热爱集体，班主任与学生一起创建一种和谐的、积极向上的、团结的班集体氛围，那这个班一定差不了。一个优秀的班集体，不仅仅在老师，更重要的是学生。

2004年我接手另一个班，我不再尝试用自己的透明去换取学生的透明，而是把主要精力放在班级发展的大方向上，并加强与学生的沟通交流，没想到竟然取得了意想不到的好效果：班级教学成绩连续三次取得系列第一名，常规量化也位于前列，并获得本学期优"优秀班集体"荣誉称号。

在人与人的交流与沟通中，彼此的坦诚或透明必不可少，但是在班级管理中，班主任与学生的透明度不一定要100%，需要给学生留一些自由发挥的空间，让他们做自己的主人、做班级的主人。

本书从组织编写到基本定稿用时近一年时间，最初的想法就是给这帮虔诚奋进的孩子留下一些可做纪念的文字，让他们每每想起自己的高中生活都能拿起这本书翻一翻、看一看，任思绪回到那让人充满骄傲的峥嵘岁月，眉眼带笑，尽是陶醉！让人惊喜的是，当看到同学们的一篇篇文章时，我发现除了对难忘高三的感悟，大家还总结了很多珍贵的学习方法。

在此感谢在本书编写过程中给予帮助的校领导和老师们，感谢郗书记在百忙之中为本书写序让我备受鼓舞，感谢张永主任提出宝贵建议，感谢语文组金江坤老师、葛春香老师提供的专业细致的指导。

希望本书中的学法分享和教学感悟分享可以让师生读者有一点点收获，能够帮助到大家，是722班同学和我最大的快乐！

马静丽